INSTITUTION

DU

CRÉDIT POPULAIRE AGRICOLE

ARRÊTÉS ET INSTRUCTIONS

HANOI

IMPRIMERIE D'EXTRÊME-ORIENT

1927

GOUVERNEMENT GÉNÉRAL DE L'INDOCHINE

INSTITUTION

DU

CRÉDIT POPULAIRE AGRICOLE

ARRÊTÉS ET INSTRUCTIONS

HANOI

IMPRIMERIE D'EXTRÊME-ORIENT

1927

Arrêté créant une Institution du Crédit populaire agricole en Indochine.

Le Gouverneur général de l'Indochine,

Vu le Sénatus Consulte du 3 mai 1854 ;
Vu les décrets du 20 octobre 1911, portant fixation des pouvoirs du Gouverneur général et organisation financière et administrative de l'Indochine,-

Arrête :

Article premier. — Il est créé en Indochine une Institution dite du Crédit populaire agricole, ayant pour objet :

1° d'alimenter des services de prêts aux indigènes pour leurs opérations agricoles ;

2° de prêter son concours à la répartition et au recouvrement éventuel des fonds, spécialement consacrés par la Colonie à la réparation des dommages causés par les accidents naturels : typhons, inondations, épizooties, etc.

Art. 2. — Cette Institution comprend :

1° des *Banques communales*, chargées d'assurer les prêts à court terme et dont le montant ne dépasse pas cent piastres ;

2° des *Banques provinciales*, chargées de créditer les banques communales et d'administrer leur avoir statutaire, ainsi que de consentir les prêts d'un montant supérieur à cent piastres ;

3° Une *Caisse centrale*, chargée de créditer les banques provinciales et d'administrer les fonds consacrés par le budget général à la réparation des dommages causés par les accidents naturels.

Art. 3. — Les opérations de crédit sont alimentées comme suit :

1° par la Caisse centrale, au moyen des contributions du budget général et des budgets locaux et des dotations d'origine diverse spécialement affectées au Crédit agricole. La Caisse centrale ne fait pas de bénéfice et ne constitue pas de capital propre ;

2° par les banques provinciales, au moyen des crédits de la Caisse Centrale, de leur capital propre, des dépôts en compte courant ou à terme effectués par les particuliers, les associations, les communes et les banques communales ;

3° par les banques communales, au moyen des crédits des banques provinciales et de leur capital propie.

Art. 4. — A titre provisoire et jusqu'à la création de la Caisse centrale :

1° les banques communales et les banques provinciales seront instituées par arrêté du Gouverneur général, sur la proposition du Service du Crédit approuvée par le Chef de l'Administration locale intéressée ;

2° les fonds mis par la Colonie à la disposition du Crédit populaire agiicole seront suivis au moyen d'un compte spécial ouvert à la Banque de l'Indochine. Toutes les opérations dévolues à la Caisse centrale seront faites au débit ou au crédit de ce compte.

Art. 5. — Des arrêtés et instructions ultérieurs du Gouverneur général ou des Chefs d'Administration locale fixeront, au point de vue administratif et financier, les règles d'exécution du présent arrêté, notamment le statut des banques, les conditions et les taux des prêts, l'exercice du contrôle des opérations de crédit et les règles d'administration des fonds énumérés au paragraphe 2 de l'article premier.

Art. 6. — Les Chefs d'Administration locale, le Directeur des Finances et l'Inspecteur général de l'Agriculture, de l'Elevage et des Forêts sont chargés, chacun en ce qui le concerne, de l'exécution du présent arrêté.

Saigon, le 4 septembre 1926.

Alexandre VARENNE.

Arrêté créant un Service du Crédit agricole de l'Indochine.

Le Gouverneur général de l'Indochine,

Vu le Sénatus Consulte du 3 mai 1854 ;

Vu les décrets du 20 octobre 1911, portant fixation des pouvoirs du Gouverneur général et organisation administrative et financière de l'Indochine ;

Vu l'arrêté du 15 avril 1924, portant création d'une Inspection générale de l'Agriculture de l'Elevage et des Forêts de l'Indochine ;

Vu l'arrêté du 4 septembre 1926, instituant un « Crédit populaire agricole » en Indochine,

ARRÊTE :

Article premier. — Il est créé au Gouvernement général de l'Indochine un Service du Crédit agricole chargé :

1° A titre provisoire et jusqu'à la création de la Caisse centrale prévue à l'arrêté du 4 septembre 1926 :

a) de préparer, de concert avec les Administrations locales l'organisation des Banques communales et des Banques provinciales ;

b) de gérer, de concert avec la Direction des Finances — le compte spécial affecté au Crédit populaire agricole ;

2° A titre permanent, après la création de la Caisse centrale, d'assurer le contrôle supérieur de l'Institution du Crédit populaire agricole dans les conditions qui seront fixées par le Gouverneur général.

Ce service est placé sous l'autorité directe de l'Inspecteur général de l'Agriculture, de l'Elevage et des Forêts.

Art. 2. — Le personnel du Service du Crédit ainsi que de l'Institution du Crédit populaire agricole, est recruté parmi les fonctionnaires en service dans la Colonie, et, exceptionnellement, parmi les fonctionnaires du Crédit agricole du Ministère de l'Agriculture, mis hors cadre sur la proposition du Gouverneur général.

Art. 3. — Les dépenses propres au Service du Crédit agricole seront assurées par le Budget général.

Provisoirement, les dépenses d'entretien du personnel européen chargé de la direction des banques et du contrôle local des opérations de crédit, seront également assurées par ce budget. Elles seront progressivement passées au compte des banques.

Art. 4. — Le Secrétaire général du Gouvernement général de l'Indochine, le Directeur des Finances et l'Inspecteur général de l'Agriculture, de l'Elevage et des Forêts sont chargés, chacun en ce qui le concerne, de l'exécution du présent arrêté.

Saigon, le 4 septembre 1926.

Alexandre VARENNE.

Arrêté règlant l'organisation et le fonctionnement du Crédit populaire agricole en Indochine.

Le Gouverneur général de l'Indochine,

Vu le sénatus consulte du 3 mai 1854 ;

Vu le traité du 6 juin 1884 entre la France et l'Annam ;

Vu le traité du 11 août 1863 et la convention du 17 juin 1884 entre la France et le Cambodge ;

Vu le décret du 25 juillet 1864, rendant applicable en Cochinchine les codes français, promulgué par arrêté du 21 décembre 1864 ;

Vu l'arrêté du 10 mai 1883, promulguant au Cambodge les codes français ;

Vu le décret du 8 septembre 1888, rendant applicable au Tonkin la législation civile et criminelle en vigueur en Cochinchine ;

Vu l'arrêté du 30 décembre 1888, promulguant les codes français et les lois annexes y rattachés dans toute l'étendue des pays de protectorat du Tonkin ;

Vu l'arrêté du 20 août 1913, promulguant en Annam et au Laos la législation en vigueur en Cochinchine et au Tonkin ;

Vu les décrets du 20 octobre 1911, portant fixation des pouvoirs du Gouverneur général et organisation financière et administrative de l'Indochine ;

Vu le décret du 9 juin 1922 sur les attributions du Conseil colonial de Cochinchine ;

Vu les arrêtés du 4 septembre 1926, créant une Institution du Crédit populaire agricole et un Service du Crédit agricole en Indochine ;

Vu la convention du 6 septembre 1926 entre le Gouvernement général de l'Indochine et la Banque de l'Indochine ;

Sur la proposition de l'Inspecteur général de l'Agriculture, de l'Elevage et des Forêts,

Arrête :

I. — Création et dissolution des banques. — Statuts.

Article premier. — 1° Les banques provinciales seront constituées sous la forme de sociétés civiles à capital variable régies par les articles 1832 et suivants du code civil, entre les indigènes agriculteurs, les communes, et les collectivités ayant une constitution légale leur conférant la personnalité.

Elles devront, pour bénéficier des avantages consentis par l'Institution du Crédit populaire agricole, se conformer dans leurs statuts aux dispositions du présent arrêté.

Elles seront autorisées par arrêté du Chef d'administration locale sur avis conforme du Service du Crédit agricole. Leur durée est de 5o ans sauf prorogation ou dissolution anticipée.

Une seule banque sera autorisée dans les limites d'une province, mais cette banque pourra ouvrir des succursales et instituer des Comités communaux de prêts, sur la proposition de son Conseil d'administration approuvée par le Chef de province. Avis de la création de ces co mités sera donné au Service du Crédit agricole.

2° En cas de dissolution de la société, l'actif y compris les réserves, après paiement des dettes sociales, sera affecté à une œuvre d'intérêt agricole, sur décision de l'Assemblée générale. Cette décision devra être approuvée par le Chef d'administration locale sur avis conforme du Service du Crédit agricole.

3° Les statuts devront prévoir que lorsqu'un sociétaire vient à décéder, à donner sa démission, à être exclu, interdit, en faillite ou en état de déconfiture la société continuera de plein droit entre les autres sociétaires.

Art. 2. — 1° Toute demande d'autorisation de banque provinciale devra être transmise au Chef d'administration locale par le Chef de province et accompagnée d'un projet de statuts renfermant tous les règlements concernant la constitution, l'administration et la direction de la banque, la nature des opérations qui lui seront dévolues, en tant que ces règlements ne seront pas incompatibles avec les dispositions du présent arrêté.

2° Ces statuts mentionneront en particulier :

a) le nom et le domicile de la banque ;

b) son but et sa sphère d'action ;

c) les conditions d'admission des sociétaires ;

d) le mode de constitution du capital de la société ;

e) la responsabilité des sociétaires ;

f) la constitution du Conseil d'administration et de l'Assemblée générale, leur mode de réunion, les devoirs et les droits de leurs membres·

g) les pouvoirs du Conseil d'administration et ceux du directeur de la banque ;

h) le nombre, le mode de rétribution, les changements, les pouvoirs, la conduite et les obligations des agents européens et indigènes des banques, ainsi que les garanties qu'ils devront fournir pour l'exercice de leurs fonctions ;

i) la nature et l'origine des fonds des banques, l'usage des bénéfices faits, la constitution et l'administration des réserves ;

j) la nature et la durée des dépôts et les intérêts qui leur seront servis ;

k) la nature et la conduite des opérations auxquelles se livreront la banque provinciale et les comités communaux, les garanties qu'ils exigeront, les taux d'intérêt des prêts ;

l) les livres et les registres comptables que les banques et leurs agents devront tenir et le mode de tenue de ces livres et registres ;

m) le mode de contrôle des comptes, livres, documents et des opérations de la banque provinciale et des comités communaux et le personnel qui sera chargé de ce contrôle.

Art. 3. — Les statuts tiendront lieu d'actes réglementaires locaux pour l'application du présent arrêté. Ils seront établis dans la forme propriée au statut politique de chacun des pays l'Union et approuvés par le Gouverneur général. Ils seront publiés au Journal officiel de l'Indochine.

Art. 4. — Toute modification aux statuts devra faire l'objet d'une délibération spéciale de l'Assemblée générale, et être approuvée dans la même forme que les statuts.

Dans le cas de rejet des modifications proposées, une nouvelle Assemblée générale sera convoquée. Si cette assemblée confirme son vote précédent, la société sera tenue avant toute application des dispositions nouvelles, de rembourser toutes sommes dues au Crédit populaire agricoles ou à la Colonie.

Art. 5. — 1° — Les banques provinciales tiendront et conserveront un registre où seront transcrits les avis de convocation du Conseil d'administration et de l'Assemblée générale de la banque, ainsi que les procès-verbaux des réunions de l'Assemblée générale et du Conseil d'administration. Ces transcriptions seront certifiées conformes par le Président du Conseil d'administration et le directeur de la banque.

2° — Elles tiendront également un registre en tête duquel seront transcrits l'arrêté d'autorisation, les statuts, ainsi que tous les règlements de la banque, en français et traduits dans le dialecte du pays. Ces textes seront certifiés pour copie conforme par le Chef de province

Ce registre comprendra ensuite deux parties. Dans la première partie seront inscrits, dans l'ordre des remplacements ou des élections, les noms et qualités des membres du Conseil d'administration de la banque provinciale. Dans la seconde, deux feuillets seront réservés à chacun des Comités communaux de la province, où seront inscrits les noms des membres du comité. Les noms et qualités de chacun des membres du Conseil d'administration de la banque provinciale et ceux de chacun des membres des Comités communaux seront suivis de sa signature ou de son empreinte digitale et de la date à laquelle elle aura été apposée.

Art. 6. — Un règlement, établi par le service du Crédit agricole, fixera les modèles des pièces et des registres comptables et toutes instructions relatives à la tenue de la comptabilité et à l'établissement des balances de comptes et des bilans des banques.

II. — Opérations permises aux banques

Art. 7. — Les banques, une fois autorisées, pourront s'engager dans les opérations suivantes, exclusivement au bénéfice de leurs sociétaires.

1° Consentir des prêts aux agriculteurs, aux collectivités et aux communes pour les objets ci-après désignés :

a) Acheter des terrains pour la culture, qui devront être immatriculés suivant la réglementation en vigueur ;

b) Acheter des semences ou des plants, des engrais, des insecticides, du cheptel vif, des outils, machines et instruments agricoles ;

c) Couvrir des dépenses se rapportant à la culture, à la récolte et à la transformation des produits agricoles, à l'emmagasinage de ces produits, bruts ou transformés, jusqu'à leur vente ;

d) Etablir ou réparer des travaux d'irrigation ou de drainage.

2° Acquérir les objets énumérés au § 1 b du présent article pour le compte de leurs sociétaires ;

3° Contracter des emprunts et obtenir des avances sur les fonds mis à la disposition du crédit populaire agricole. Recevoir de leurs sociétaires de dépôts à terme portant ou non intérêt ;

4° Constituer des fonds de réserve avec les bénéfices réalisés dans leurs opérations.

Art. 8. — Les banques provinciales seront autorisées à faire, sous les conditions énumérées à l'article 34 du présent arrêté.

a) par l'intermédiaire des Comités communaux, des prêts individuels pour une durée maximum d'une année et d'un montant maximum de 100 piastres ;

b) directement, des prêts aux individus, aux collectivités et aux communes, pour une durée maximum de cinq années et d'un montant supérieur à 100 piastres.

Art. 9. — 1° Les banques du crédit populaire agricole pourront être chargées de la répartition et du recouvrement éventuel des fonds spécialement consacrés par le Budget général et les budgets locaux à la répartition des dommages causés par les accidents naturels : typhons, inondations, épizooties, etc.

Ces fonds seront mis à la disposition des banques provinciales par les agents du trésor ;

2° Les opérations d'avances ou de secours et celles de remboursement seront suivies au moyen d'un compte spécial ouvert dans les livres de la banque provinciale. Elles feront l'objet d'instructions ou d'arrêtés spéciaux du Gouverneur général ou des Chefs d'administration locale, qui règleront les conditions auxquelles seront consentis les secours ou les avances et devront être effectués les remboursements.

Art. 10. — Les banques provinciales pourront provoquer la vente publique ou privée et éventuellement se porter acquéreurs de tout bien sur lequel elles auront une hypothèque, un nantissement, un jugement, un gage ou quelque intérêt de propriété. Si ce bien est un immeuble, il devra être aliéné par la banque dans les trois années qui suivront son acquisition.

III. — Conditions des prêts

Art. 11. — Toute opération de prêt devra être constatée par une reconnaissance écrite de dette, signée de l'emprunteur et indiquant la date, la nature, le montant et les conditions du prêt, et accompagnée par une garantie personnelle, mobilière ou immobilière.

Art. 12. — La garantie personnelle consistera :

a) pour les prêts individuels, dans la caution de deux personnes de solvabilité reconnue. Le montant d'un prêt consenti contre cette garantie ne dépassera pas dans aucun cas 500 $ 00 ;

b) pour les prêts aux communes, dans une délibération du conseil communal, approuvée par l'Administrateur de la province, décidant l'inscription au budget de la commune de recettes spécialement affectées au remboursement du prêt en principal et intérêts.

Art. 13. — La garantie mobilière consistera dans la remise de titres, dans des récoltes sur pied, dans des produits agricoles emmagasinés et tenus à la disposition de la banque provinciale, dans du matériel agricole et du cheptel vivant.

En aucun cas, le montant d'un prêt consenti contre cette garantie ne devra dépasser le tiers de la valeur réelle de ces biens, ni la somme de 1.000 piastres ; et le total des prêts de cette sorte qu'une banque provinciale sera autorisée à faire, ne dépassera le tiers des sommes qui lui auront été avancées ou prêtées sur les fonds du crédit populaire agricole.

Art. 14. — La garantie immobilière consistera en une inscription hypothécaire de premier rang ou un nantissement agricole sur biens immobiliers. Le montant d'un prêt consenti contre cette garantie ne dépassera dans aucun cas les deux tiers de la valeur réelle de tels biens.

Art. 15. — 1° Le taux d'intérêt des prêts ne pourra être supérieur à 12 pour cent par an.

Les intérêts des prêts d'une durée égale ou inférieure à un an sont perçus d'avance ; ceux des prêts d'une durée supérieure à un an sont perçus annuellement et d'avance.

2° Pour couvrir la société des risques courus dans les opérations de prêts sur garantie mobilière, la banque constituera un fonds de prévoyance qui sera alimenté par un prélèvement sur les prêts qui n'excèdera pas 3 pour cent du montant de ces prêts, et qui sera à la charge de l'emprunteur.

Art. 16. — Les prêts pourront être remboursés en une ou plusieurs fois.

L'emprunteur pourra être autorisé à payer le montant total ou une partie de sa dette avant son échéance ; dans ce cas, les intérêts dus pour la période restant à courir lui seront remboursés.

Art. 17. — La durée d'un prêt sera fixée en principe d'après celle de l'opération pour laquelle il est consenti. Toutefois, il pourra être accordé des renouvellements successifs, pour une durée et dans les conditions strictement indiquées par les statuts.

IV. — Administration des banques et conduite des opérations. Banques provinciales.

Art. 18. — 1° Les banques provinciales sont administrées par un Conseil d'administration composé du directeur de la banque et de trois administrateurs indigènes. Le fonctionnaire provincial des Services agricoles assiste le conseil en qualité de conseiller technique avec voix consultative ;

2° Les trois premiers administrateurs seront désignés dans les statuts ; ils seront choisis sur une liste de 10 agriculteurs indigènes établie par le Chef de la province, par un Comité composé du Chef de province, du payeur, et d'un fonctionnaire des Services agricoles. Les membres suivants seron choisis dans les mêmes conditions, mais sur une liste de 10 personnes élues par l'Assemblée générale.

Ces administrateurs sont élus pour deux ans. Ils seront remplacés en cas de décès ou de démission dans les mêmes conditions que ci-dessus.

Chaque année le conseil nomme parmi ses membres son président.

Le Conseil d'administration se réunit sur la convocation de son président ou du Directeur de la Banque. Trois membres formeront le quorum exigé pour la validité des délibérations.

3° Les administrateurs de la Banque provinciale remplissent leur fonction à titre gratuit, ils ont seulement droit au remboursement de leurs débours sur états certifiés et approuvés par le Chef de province.

Art. 19. — Le Conseil d'administration a les pouvoirs les plus étendus pour assurer le bon fonctionnement de la Banque et notamment :

Il représente la Banque vis-à-vis des administrations publiques et privées, des particuliers et de tous tiers et fait toutes opérations que comporte cette représentation ;

Il arrête le budget de la Banque ;

Il donne tous pouvoirs pour toucher les sommes dues à la Banque et payer celles qu'elle doit ;

Il statue sur les demandes de prêt et sur l'admission des nouveaux sociétaires et règle le service des dépôts ;

Il contracte des emprunts et obtient des avances sur les fonds du crédit populaire agricole :

Il loue ou achète tous matériels ou immeubles nécessaires au fonctionnement de la banque ;

Il recrute le personnel indigène dans les conditions fixées à l'article 39 du présent arrêté ;

Il donne et autorise tous acquiescements et désistements ainsi que toutes main-levées d'inscriptions, saisies, oppositions et autres droits avec ou sans paiement ;

Il poursuit par toutes voies de droit le remboursement en principal et intérêts des sommes venues à échéance.

Art. 20. — Afin de diminuer les délais dans les opérations, une partie des pouvoirs du Conseil d'administration peut être déléguée au directeur de la Banque.

Cette délégation devra être expressément prévue aux statuts.

Art. 21. — Aucun administrateur ne peut voter sur un prêt demandé par lui, pour lui-même ou pour un de ses parents ou alliés jusqu'au 3ᵉ degré ; ni sur un prêt demandé par toute personne endettée envers lui ou envers tout membre de sa famille. Il ne peut non plus être caution ni garant de tout prêt consenti par la Banque.

Art. 22. — La direction de la Banque provinciale est assurée par un directeur français agréé par l'Administration.

Le Directeur a sous ses ordres le personnel de la Banque, ainsi que le personnel de contrôle des Comités communaux.

Il fait partie de droit du Conseil d'administration et assiste le président.

Il instruit toutes les affaires ressortissant à la Banque, exécute les décisions du Conseil d'administration et exerce les pouvoirs qui lui sont délégués par les statuts.

Il assure la tenue des livres et des registres de comptabilité conformément aux règlements.

Il contrôle le fonctionnement des Comités communaux.

Art. 23. — 1º Le payeur ou le percepteur de la province est chargé de la conservation et du mouvement des fonds, ainsi que du contrôle permanent de la comptabilité de la banque provinciale.

2º Les opérations de caisse se feront en présence et avec le concours du Directeur de la Banque.

Le coffre-fort contenant les fonds sera muni d'une serrure de sûreté nécessitant l'emploi de deux clefs différentes, dont l'une sera remise au Directeur de la Banque, la seconde restant entre les mains du payeur ou du percepteur.

Les mouvements des fonds hors des guichets de la Banque seront faits à la diligence du directeur.

3º Dans toutes les opérations qu'il fera pour la Banque, le payeur ou percepteur agira à titre purement privé, sans engager à aucun degré sa responsabilité en tant que préposé du Trésor, ni celle de ses supérieurs hiérarchiques de la Colonie ou de l'Etat.

Art. 24. — Le Chef de province est le censeur légal de la Banque provinciale. Il approuve les demandes de prêts ainsi que les actes et décisions du Conseil d'administration.

En cas de conflit, sur l'interprétation du présent arrêté ou des statuts. le litige sera soumis au service du Crédit agricole à Hanoi pour règlements.

Art. 25. — La responsabilité personnelle des membres des Comités communaux ainsi que celle des administrateurs des banques provinciales n'est engagée qu'en cas de violation des règlements ou des statuts ou de fausse déclaration.

Comités communaux de prêts

Art. 26. — 1° — Les Comités communaux sont chargés de représenter les intérêts de la Banque provinciale dans les limites de la ou des communes pour lesquelles ils ont été institués.

2° Ils sont composés de trois notables au moins et de cinq au plus, y compris le président, désignés par le Conseil d'administration de la banque provinciale. Le président est obligatoirement sociétaire.

Art. 27. — Les Comités communaux ont pour fonctions :

1° d'examiner les demandes de prêts individuels ou collectifs présentées par les habitants de leur circonscription ; de vérifier l'exactitude des déclarations faites par les emprunteurs, ainsi que la valeur des garanties offertes. Ils transmettent les demandes, acceptées par eux, séparément ou groupées, à la Banque provinciale qui statue.

Ils veillent à la sécurité des gages et au remboursement opportun des prêts. Ils peuvent être chargés pour le compte de la Banque provinciale du versement des sommes aux emprunteurs et de l'encaissement des prêts venus à échéance ;

2° de prêter leur concours à la répartition et au recouvrement éventuel des fonds spécialement consacrés par la Colonie à la répartition des dommages causés par les accidents naturels, dans les conditions fixées à l'article 9 du présent arrêté.

V. — Bénéfices. — fonds de réserve

Art. 28. — 1° Le Directeur de la Banque provinciale établira semestriellement une balance des comptes de la banque ;

2° En fin d'exercice, à la date fixée par les statuts, le Conseil d'administration se réunira pour recevoir du Directeur de la Banque le compte-rendu des opérations de l'année écoulée, et entendre ses propositions concernant l'établissement du compte Profits et Pertes pour la même période, arrêter le bilan ainsi que les termes du rapport annuel, déclarer les bénéfices.

Le Chef de province assistera comme censeur légal à cette réuion.

Ce compte-rendu sera ensuite présenté à l'Assemblée générale annuelle et approuvé par elle.

Art. 29. — Aucun bénéfice ne sera déclaré pour une somme supérieure aux profits nets, déduction faite des pertes et des créances douteuses.

Toute somme due à la Banque en principal ou intérêts, échue et non payée depuis plus de six mois, sera considérée comme créance douteuse, à moins qu'elle ne soit garantie par un gage immobilier et en cours de réalisation.

Les intérêts échus mais non encaissés ne seront pas comptés dans les profits pour le calcul des bénéfices.

Art. 3o. — 1° Les bénéfices résultant de la balance annuelle des comptes seront, après approbation de la dite balance par le Service du Crédit agricole, affectés comme suit :

2 pour cent au Directeur de la Banque provinciale ;
25 pour cent aux Comités communaux.

Le complément sera attribué, par moitié au « fonds de réserve provincial » et au « fonds de réserve des communes ».

La répartition du pourcentage qui reviendra respectivement aux Comités communaux et aux communes, sera faite au prorata du montant total des prêts de l'année effectués par chacun des comités communaux.

La répartition entre les membres des Comités communaux se fera par partage égal.

2° Une partie des fonds de réserve des banques pourra être investie en titres, émis ou garantis par la Colonie ou par les Etablissements publics de la Colonie.

ASSEMBLÉE GÉNÉRALE

Art. 31. — 1° L'Assemblée générale régulièrement constituée représente l'universalité des sociétaires ; ses décisions sont obligatoires même pour les absents, dissidents ou incapables ;

2° L'Assemblée générale se compose des présidents des Comités communaux, délégués par les sociétaires de leur circonscription.

Les convocations seront faites par une lettre adressée à chaque comité au moins 15 jours avant l'assemblée. L'avis de convocation relatera l'ordre du jour qui aura été fixé par le Conseil d'administration.

Il ne pourra être mis en délibération dans toute assemblée que les objets portés à cet ordre du jour ;

3° L'Assemblée générale est présidée par le Chef de province assisté du président du Conseil d'administration de la Banque provinciale.

Les fonctions de scrutateurs seront remplies par deux sociétaires désignés par le Conseil d'administration.

Le directeur remplit les fonctions de secrétaire.

Le président a la police de l'assemblée et veille à ce que les discussions ne s'écartent pas de leur objet spécial.

Il sera tenu une feuille de présence sur laquelle seront portés les noms et domiciles de tous les présidents des Comités communaux. Cette feuille, émargée par chacun des membres présents et certifiée par le bureau de l'assemblée, sera déposée au siège social pour être jointe aux procès-verbaux des délibérations.

Art. 32. — 1° L'Assemblée générale ordinaire sera convoquée une fois par an, dans le mois qui suit l'établissement du bilan.

Elle entendra le rapport du Conseil d'administration sur les comptes de la société et sur le bilan et approuvera les comptes. Elle délibère sur les objets portés à l'ordre du jour.

Elle procèdera tous les deux ans à l'élection d'une liste de 10 sociétaires parmi lesquels seront choisis les administrateurs indigènes.

L'Assemblée générale ordinaire devra être composée d'un nombre de délégués représentant le 1/4 au moins du nombre total des Comités communaux.

2° Une Assemblée générale extraordinaire pourra être convoquée chaque fois que le Conseil d'administration ou le Chef de province le jugera utile.

L'Assemblée générale extraordinaire devra être composée d'un nombre de délégués représentant la 1/2 au moins du nombre total des Comités communaux.

3° Lorsque l'Assemblée générale ne réunira pas un nombre suffisant de délégués pour délibérer valablement, une nouvelle assemblée sera convoquée dans la forme indiquée à l'article 31 ci-dessus. Cette convocation reproduira l'ordre du jour en indiquant le résultat de la précédente assemblée.

La seconde assemblée délibèrera valablement quel que soit le nombre des délégués présents.

4° Les résolutions pour être valables devront réunir les deux tiers des voix des délégués presents.

VI. — Fonds des banques. — Mouvement des fonds

Art. 33. — 1° Les fonds dont disposent les banques provinciales se composent :

a) du capital social ;

b) des avances ou emprunts obtenus sur les fonds du crédit populaire agricole ;

c) des dépôts à terme de leurs sociétaires ;

d) des fonds de réserve ;

2° Le capital social est constitué de parts nominatives versées par les sociétaires. Le montant de la part est fixé au maximum à une piastre pour les sociétaires individuels et à 25 piastres pour les collectivités et les communes ; ce montant sera versé par le sociétaire au moment de la réalisation de son premier emprunt.

En cas de retraite, de démission ou de décès, le sociétaire ne pourra prétendre au remboursement de sa part dans le capital social ni dans le fonds de réserve ;

3° Les banques provinciales ne sont autorisées à accepter que les dépôts de leurs sociétaires. Ces dépôts seront à terme, de six mois ou un an. Ils seront productifs d'un intérêt dont le taux ne dépassera pas quatre pour cent ;

4° Les fonds de réserve sont constitués conformément aux dispositions de l'article 30 du présent arrêté.

Ils comprennent un fonds de réserve provincial et un fonds de ré serve propre de la banque.

Le fonds de réserve des communes est divisé en autant de comptes qu'il existe de communes pourvues d'un Comité.

Dans l'avenir ces comptes constitueront les fonds de réserve des banques communales qui seront créées.

Art. 34. — 1° Les demandes d'avances ou d'emprunts faites par une banque provinciale sur les fonds du Crédit populaire agricole, seront transmises par le directeur de cette banque au Service du Crédit agricole, à Hanoi.

Ces demandes devront être accompagnées :

a) de la dernière balance mensuelle des comptes du Grand-livre ;

b) d'un état indiquant le montant total des prêts consentis sur la dernière avance ou le dernier emprunt par la banque provinciale, ainsi que le solde restant disponible.

Ces avances ou emprunts entreront dans le fonds de roulement des banques provinciales. Toutefois, les prêts qui seront consentis sur ces avances ou emprunts ne pourront excéder un montant de 1.000 $ pour les prêts aux particuliers et de 2.000 $ pour les prêts envers les collectivités et les communes.

2° Tous les prêts sollicités de la banque provinciale dont le montant sera supérieur aux sommes indiquées à l'alinéa précédent devront faire l'objet de demandes spéciales de la banque. Ces demandes seront accompagnées par un dossier renfermant toutes pièces justificatives ou copies certifiées de ces pièces, et notamment une estimation de la valeur réelle des garanties offertes, accompagnée d'une fiche de contre-estimation d'un contrôleur de la banque provinciale.

Si la garantie d'un budget communal est offerte, la demande devra être accompagnée de la copie du procès-verbal de la délibération du conseil communal, approuvée par le Résident chef de la province, au cours de laquelle aura été décidée l'affectation de recettes spéciales au remboursement du ou des prêts demandés.

Ces demandes seront satisfaites sur les fonds du crédit populaire agricole au moyen d'avances ou d'emprunts spéciaux.

Art. 35. — 1° A titre provisoire et jusqu'à la création de la caisse centrale, les fonds mis à la disposition du Crédit populaire agricole seront suivis au moyen d'un compte spécial ouvert dans les livres de la Banque de l'Indochine, à Hanoi ;

2° Les crédits ouverts sur ce compte aux banques provinciales seront productifs d'intérêts à 3 pour cent par an. Ces intérêts seront débités semestriellement au compte particulier de chaque banque par le service du crédit agricole à Hanoi.

Art. 36. — Le compte spécial ouvert dans les livres de la Banque de l'Indochine fonctionnera de la façon suivante :

1° En ce qui concerne les paiements, l'Inspecteur général de l'Agriculture, de l'Elevage et des Forêts, chargé aux termes de l'arrêté du 4 septembre 1926, de la gestion provisoire du Crédit populaire agricole, émettra pour chaque avance ou emprunt à consentir, un chèque à l'ordre d'une des banques provinciales, chèque qui sera visé par le Directeur des Finances et dont il informera par lettre l'Agence de la Banque de l'Indochine, à Hanoi ;

2° En ce qui concerne les versements, ils seront opérés aux caisses de la Banque de l'Indochine par les banques provinciales ou pour leur compte ;

3° Les intérêts acquis à la Banque de l'Indochine sur le compte spécial du Crédit populaire agricole seront débités audit compte, semestriellement, et le règlement de ces intérêts s'effectuera par ordre de virement donné à la Banque de l'Indochine et comme ci-dessus, sur un décompte adressé par la Banque de l'Indochine au service du Crédit populaire agricole, à Hanoi.

Art. 37. — Les chèques émis à l'ordre d'une Banque provinciale seront adressés au trésorier du pays intéressé ou au Trésorier particulier, qui les encaissera et en transmettra le montant au payeur ou au percepteur de la province chargé de la conservation et du mouvement des fonds de la banque provinciale.

Inversement, toutes sommes à verser à la Banque de l'Indochine par la banque provinciale, pourront être transmises par le payeur ou le percepteur, au moyen d'un mandat sur le trésor au nom du Directeur de la Succursale de la Banque de l'Indochine.

VII. — Personnel du Crédit populaire agricole

Art. 38. — Le fonctionnement du Crédit populaire agricole est assuré par un personnel européen et un personnel indigène.

Le personnel européen comprend :

a) au Gouvernement général, le personnel du Service du crédit agricole, constitué par des Inspecteurs du crédit agricole et des secrétaires-comptables ;

b) aux Banques provinciales, le personnel propre du Crédit populaire agricole, constitué par des directeurs et des contrôleurs de Banque provinciale.

Ce personnel sera recruté dans les conditions indiquées à l'article 2 de l'arrêté du 4 septembre 1926 jusqu'à la création de la Caisse centrale exclusivement.

Art. 39. — Le personnel européen des Banques provinciales est secondé par un personnel indigène, comprenant des secrétaires-comptables et des contrôleurs. Ce personnel est recruté soit parmi les fonctionnaires indigènes en service dans la colonie et mis par les Chefs d'administration locale à la disposition de ces banques, soit directement par ces banques et aux conditions fixées par leur Conseil d'administration.

Les dépenses d'entretien de ce personnel seront supportées par leur propre budget.

VIII. — Controle des opérations et des banques

Art. 40. — 1° Les opérations des banques provinciales et celles des Comités communaux sont vérifiées par des contrôleurs européens et indigènes placés sous les ordres du directeur de la banque provinciale ;

2° La comptabilité de la banque provinciale est vérifiée par le payeur ou le percepteur de la province.

Art. 41. — 1° Le Service du crédit agricole, à Hanoi, contrôle toutes les opérations des banques du Crédit populaire agricole. Les directeurs des banques provinciales sont tenus de lui fournir toutes justifications et explications qu'il requiert ;

2° Le contrôle sur place de ces banques est exercé à titre permanent, par les inspecteurs du service du crédit agricole du Gouvernement général et les inspecteurs des affaires administratives. Ces fonctionnaires ont droit de requérir tous moyens, documents, livres, informations relatifs à l'exercice de ce contrôle.

Art. 42. — Les Banques provinciales doivent adresser au Chef d'administration locale et au Service du crédit agricole, à Hanoi :

a) semestriellement une copie des procès-verbaux des réunions du Conseil d'administration de la banque ainsi que la balance des comptes du Grand-livre ;

b) en fin d'exercice, le bilan, le relevé du compte « Profits et pertes », le rapport sur les opérations effectuées au cours de l'année et une copie du procès-verbal de l'Assemblée générale.

Tous ces documents doivent être signés par le directeur de la banque et par le président du Conseil d'administration et approuvés par le Chef de province.

Art. 43. — Dans chacun des pays de l'Union, un mois au plus tard, après l'envoi des documents énumérés au paragraphe b de l'article précédent une commission présidée par le Chef d'administration locale ou par son délégué et composée :

de l'Inspecteur des Affaires administratives ;
du Directeur des Services agricoles ;
du Trésorier-payeur ;
du Président de la Chambre d'Agriculture et de trois notables indigènes ;
d'un représentant du Service du crédit agricole,
se réunira et examinera les opérations des banques provinciales ; elle fournira son avis sur le fonctionnement de ces banques et sur les améliorations à y apporter.

Le compte-rendu de la réunion sera adressé au Gouverneur général et une copie transmise directement au Service du crédit agricole, à Hanoi.

Art. 44. — L'Inspecteur général de l'Agriculture, de l'Elevage et des Forêts signe toute la correspondance et tous les documents émanant du Service du crédit agricole. Il présente chaque année au Gouverneur.

général un rapport d'ensemble sur les opérations faites en exécution du présent arrêté.

Art. 45. — Le présent arrêté est applicable à toute l'Indochine, sous réserve des droits des souverains protégés et des conventions diplomatiques en vigueur, ainsi que des attributions du Conseil colonial de Cochinchine.

Art. 46. — Les Chefs d'Administration locale, le Directeur des Finances et l'Inspecteur général de l'Agriculture, de l'Elevage et des Forêts sont chargés, chacun en ce qui le concerne, de l'exécution du présent arrêté.

Hanoi, le 21 juillet 1927.

Alexandre VARENNE

Instructions et règlement de comptabilité
pour l'application de l'arrêté du 21 juillet 1927

Un arrêté du Gouverneur général du 4 septembre 1926 a créé une Institution du Crédit populaire agricole en Indochine, et une convention du 6 septembre 1926 entre le Gouverneur général et la Banque de l'Indochine en a réglé à titre provisoire le financement.

Il n'a pas paru désirable d'organiser par décret une Institution qui en est à ses débuts, et de la cristalliser ainsi dans une forme que l'expérience modifiera plus ou moins et qui trouvera vraisemblablement sa première expression stable au moment de la création de la Caisse centrale. C'est pourquoi il a été procédé à l'organisation du Crédit populaire agricole par un acte local.

L'arrêté du 21 juillet 1927 réglant l'organisation et le fonctionnement du Crédit populaire agricole en Indochine est l'arrêté organique de cette Institution.

Il institue les Banques provinciales dans la forme de la société civile, à capital variable, qui leur confère la personnalité civile ; et il stipule que ces sociétés devront être régies par des statuts conformes à l'arrêté organique, pour bénéficier des avantages offerts par le Crédit populaire agricole. Il trace ensuite le cadre dans lequel les banques devront évoluer, par le moyen de dispositions d'ordre général concernant : la création et le fonctionnement des banques ; les pouvoirs respectifs du Conseil d'administration, du directeur de la banque et du Chef de province ; la constitution et les pouvoirs de l'assemblée générale ; les opérations que les banques sont autorisées à faire, les conditions des prêts et la nature des garanties exigées ; la déclaration et la répartition des bénéfices ; la composition des fonds des banques ; l'attribution des avances ou emprunts sur le compte spécial du Crédit populaire agricole et la gestion de ce compte ; le contrôle des opérations et des banques.

La rédaction de l'arrêté a été commandée par ce fait essentiel que cette Institution de Crédit doit évoluer le plus rapidement possible vers l'autonomie, sous le contrôle des pouvoirs publics, et vers un agencement progressivement commercialisé.

Les attributions du Service du Crédit agricole, qui la gère provisoirement, ont été réglées à cette fin ; elles reviendront « de plano » à la Caisse centrale lors de sa création. Les pouvoirs du Chef de province sont conformes avec le statut légal des banques, quoiqu'ils excèdent ceux habituellement reconnus au censeur légal. Cette extension de pou voirs est pleinement justifiée par la nature spéciale de ces sociétés et par le rôle de créancier éminent et désintéressé que joue la Colonie à leur bénéfice.

Dans cette Institution, dont le principe est tiré d'une institution similaire des Indes néerlandaises, la banque provinciale est l'organe prépondérant. Toutefois, si la banque communale qui, à Java, est la cellule initiale et le fondement même du système, ne trouve pas dans l'arrêté un statut propre, son rôle essentiel dans la diffusion du petit crédit est préparé par une double mesure : l'institution du Comité communal et la constitution, à l'usage de la future banque communale, d'un fonds de réserve par un prélèvement annuel sur les bénéfices réalisés.

Ces petites banques qui situent le crédit dans le village même, pour·ront ainsi être ouvertes au fur et à mesure qu'elles disposeront de moyens d'action, personnel formé et fonds. Elles recevront à ce moment un statut approprié à l'organisation de la commune ou du village.

D'ici là, comités et communes seront intéressés directement à la bonne conduite des opérations de la Banque provinciale, et les agriculteurs seront éduqués, autant que cela sera possible, dans l'esprit de la mutualité qui est à l'origine même de l'œuvre entreprise.

Création des banques.

Lorsqu'à la suite de demandes formulées par les agriculteurs de sa circonscription un Chef de province jugera utile la création d'une banque provinciale, il transmettra une demande motivée au Service du Crédit agricole à Hanoi, par les soins du Chef d'Administration locale qui donnera son avis.

Dans le cas où un Inspecteur du Crédit agricole se trouverait sur les lieux, un rapport de ce fonctionnaire sera joint à la demande. Dans le cas contraire, le Service du Crédit agricole enverra un de ses représentants procéder à une enquête sur place. A la suite de cette enquête, ce fonctionnaire rédigera un rapport qui sera joint au dossier de la demande et dont une copie sera transmise directement au Chef d'Administration locale.

Après avis favorable du Service du Crédit agricole, il sera procédé à la rédaction des statuts.

Au préalable; le Chef de province aura établi une liste de dix agriculteurs notables, sur laquelle un comité composé du Chef de province. du payeur ou percepteur et d'un fonctionnaire des Services agricoles. choisira les trois premiers Administrateurs. Ceux-ci devront déclarer qu'ils acceptent cette fonction et leur nom sera inscrit dans les statuts.

L'arrêté organique énumère les dispositions qui doivent obligatoirement figurer aux statuts, pour que les banques puissent recevoir des avances ou emprunts du Crédit populaire agricole et bénéficier des avantages spéciaux qui leur sont consentis.

Certaines de ces dispositions doivent être reproduites intégralement, en particulier celles qui touchent au statut légal des banques, à la constitution et aux pouvoirs de l'assemblée générale et du Conseil d'Administration, à la nature et à l'origine des fonds, à l'usage des bénéfices faits, à la constitution et à l'administration des réserves.

Au contraire, toutes celles qui se rapportent à la nature des opérations, aux conditions et aux garanties des prêts, au service des dépôts, à la définition et au partage des pouvoirs dans l'administration intérieure, en un mot toutes les dispositions qui touchent à la vie propre de la banque provinciale et lui donnent son individualité, devront être rédigées en harmonie avec les coutumes locales et d'après les besoins reconnus des agriculteurs, l'état de la propriété, l'organisation communale, etc.

A ces divers points de vue, l'arrêté organique laisse la plus grande latitude, et ainsi qu'il a été dit ne constitue qu'un cadre dans lequel les statuts donneront à la société la forme la plus adéquate.

Cependant, malgré la diversité de situations auxquelles les banques devront satisfaire dans l'avenir, il sera sans doute possible dans certains pays de l'Union et pendant la période préparatoire au cours de laquelle ne fonctionneront que quelques banques d'essai, de se contenter d'un statut-type par pays. Il pourra en être ainsi dans les provinces des deltas par exemple.

Ailleurs et si cela est nécessaire on procèdera par statuts particuliers.

Le projet de statuts une fois rédigé, sera adressé au Chef d'Administration locale qui le transmettra muni de ses observations au Service du Crédit agricole à Hanoi.

Après approbation des statuts par le Gouverneur général, le Chef d'Administration locale signera l'arrêté d'autorisation de la banque provinciale. Un des exemplaires des statuts sera établi sur papier timbré de dimension et sera enregistré.

L'arrêté d'autorisation et les statuts seront ensuite transcrits en français et dans le dialecte du pays sur un registre spécial tenu par la Banque. La transcription sera certifiée conforme par le Chef de province qui réunira ensuite quelques-uns des futurs sociétaires, à titre de membres fondateurs, et après leur avoir lu les statuts, les invitera à apposer leur signature précédée des mots « lu et approuvé » sur le registre et sur autant d'exemplaire de statuts qu'ils seront de membres fondateurs.

Ces formalités une fois accomplies, la société sera constituée et la banque provinciale pourra ouvrir ses opérations.

Les agriculteurs qui désireront contracter un prêt et au préalable devenir sociétaires, signeront un acte d'adhésion « carte modèle n° 1 ». Cette carte de membre sera conservée à la Banque provinciale dans le dossier de l'emprunteur.

La part de capital ne sera versée qu'au moment de la réalisation du premier emprunt et viendra en déduction de son montant.

Administration des banques et conduite des opérations.

Les articles 7 et suivants de l'arrêté organique se rapportent à la nature et aux conditions générales des opérations permises aux banques.

Il est fait une distinction très nette entre les petits prêts saisonniers, prêts personnels dont le montant n'excède pas cent piastres et la durée un an, et les prêts personnels ou collectifs d'un montant plus élevé et d'une plus grande durée. Pour les premiers, les Comités communaux jouissent d'une initiative propre et du pouvoir de décision dans l'étendue de la ou des communes pour la ou lesquelles ils ont été institués. Ils instruisent les demandes de prêt soit directement, soit par le moyen de tiers, et, selon qu'ils jugent les gages suffisants ou non, les retiennent ou les rejettent.

Ils agissent ainsi en vertu d'une délégation permanente de la banque provinciale.

Les formalités pour les prêts de cette catégorie, qui seront les plus nombreux et aussi les plus absorbants, ont été réduites au minimum.

Les demandes seront agréées ou rejetées par le Comité communal. Chaque demande agréée donnera lieu à la préparation des pièces suivantes :

a) un billet à ordre (modèle n° 2) signé de l'emprunteur, qui mentionnera les conditions du prêt et sera avalisé par deux cautions dans le cas de garanties personnelles offertes.

b) un billet à ordre (modèle n° 3) accompagné s'il y a lieu d'un nantissement mobilier (modèle n° 4) ou immobilier (modèle n° 5) lorsque l'emprunteur offrira des garanties de cette nature.

Ces pièces seront mises sous bordereau énumératif (modèle n° 6) qui sera signé du Président et d'un des membres du Comité communal. Ce bordereau engagera la responsabilité personnelle des signataires dans les limites prévues par l'arrêté organique, il sera avec les pièces jointes adressées au directeur de la banque qui les examinera et statuera s'il a pouvoir pour le faire, ou les soumettra au Conseil d'Administration.

Les demandes non retenues seront rayées sur le bordereau qui sera classé dans les archives de la Banque, et les pièces concernant ces demandes seront, après annulation, retournées au Comité communal avec observations. Les demandes agréées feront l'objet d'un ordre de paiement collectif ou d'ordres individuels (n° 7), selon que le versement des sommes empruntées se fera par l'intermédiaire d'un membre du Comité communal, ou individuellement aux emprunteurs qui le demanderont. Le payeur ou percepteur paiera sur le vu de cet ordre qui devra mentionner selon le cas le numéro du bordereau ou de l'effet.

Le versement par l'intermédiaire d'un membre du Comité communal réduit au minimum les déplacements des emprunteurs, ce qui est un avantage très appréciable pour les communes éloignées du chef-lieu. Toutefois, il y aura lieu de faire contrôler régulièrement la fidèle transmission des fonds, à l'aide des contrôleurs indigènes de la Banque. Avec cette précaution le système est bon.

Il va sans dire que les contrôleurs auront également mission de recueillir les doléances des agriculteurs et de faire donner suite aux demandes qui auraient été rejetées sans motif valable.

Les Comités communaux assistent également la Banque provinciale en maintes circonstances dans l'instruction des demandes de prêts individuels ou collectifs qui sont du ressort propre de la Banque, en particulier dans l'appréciation des garanties offertes. D'une manière générale, ils pourront être chargés de veiller à la sécurité des gages et au remboursement des prêts en temps voulu.

Leur rôle sera donc important dès le début et il est destiné à se renforcer dans la plupart des cas, à mesure du développement des opérations. Le plus grand soin devra donc être apporté à leur désignation, d'abord, au contrôle de leurs opérations ensuite. Ce contrôle est exercé par la Banque provinciale ; mais il peut être facilité par un examen préalable des demandes de prêt là où les organisations communales le permettront. Il en sera ainsi par exemple chaque fois qu'une garantie collective sera donnée par la commune ou le village.

Chaque banque provinciale établira et tiendra à jour un fichier par commune, qui comportera une fiche individuelle pour chaque emprunteur ou membre du Comité communal. Les fiches seront établies d'après le modèle n° 10.

* *

L'organisation et le fonctionnement de la Banque provinciale ont été simplifiés dans la mesure du possible.

Un Conseil d'administration formé de trois administrateurs indigènes et du Directeur de la Banque ; un directeur français ; un censeur légal, le Chef de province.

Les attributions du Conseil d'administration sont celles habituellement dévolues à ce Conseil dans les sociétés civiles. Le Directeur doit être français ; il est administrateur de droit de la société et assiste le président ; il peut être lui-même élu président.

Il a dans ses attributions la direction intérieure de la Banque et celle du personnel européen et indigène qui en dépend ; il contrôle les Comités communaux, instruit les affaires ressortissant à la Banque et exécute les décisions du Conseil d'administration. Aux assemblées générales, il assiste le président.

L'arrêté organique stipule en outre qu'une partie plus ou moins importante des pouvoirs du Conseil d'administration pourra lui être déléguée. Cette délégation, envisagée dans le but de restreindre les formalités et d'accélérer la marche des affaires, devra porter tout au moins sur les opérations qui entrent dans les attributions propres des Comités communaux et celles qui intéressent la vie courante de la Banque. Elle devra être inscrite expressément dans les statuts.

Le Directeur de la Banque recevra une indemnité de fonctions et sera intéressé aux affaires par un boni de 2 pour 100 sur les bénéfices réalisés en fin d'année. Il devra être logé.

* *

Le Chef de province est désigné comme le censeur légal de la Banque provinciale, conformément à la loi. En réalité, il sera durant toute la période de premier développement son véritable tuteur. De sa connaissance du pays et des habitants, de la mesure dans laquelle il mettra son autorité au service de la Banque dépendra en grande partie le succès de cette dernière.

Ses fonctions de censeur comportent un contrôle permanent du fonctionnement de la Banque, par le moyen du visa des effets de prêts, des demandes de fonds et de toutes décisions engageant la responsabilité pécuniaire de la Banque. Le visa doit être refusé dans tous les cas de contravention aux textes de l'arrêté organique ou des statuts. Il doit l'être également chaque fois que le Chef de province estime que la décision en cause compromet ouvertement les intérêts de la Banque, par exemple s'il juge fausse la déclaration de la valeur des garanties offertes, ou si le directeur de la Banque se trouve mis en minorité dans le Conseil d'administration, malgré qu'il ait fait une opposition fondée à la décision prise.

En cas de refus du visa et si le Directeur ou le Conseil d'administration persiste dans sa décision, le litige est soumis par les soins du Directeur au Service du crédit agricole pour règlement.

En outre, le Chef de province préside les Assemblées générales, assisté du Directeur de la Banque.

Les versements et les paiements à la caisse de la Banque provinciale ainsi que la conservation des fonds seront assurés par le Payeur ou le Percepteur de la province, dans les conditions indiquées dans l'arrêté organique. Ce fonctionnaire touchera en contre partie une indemnité de caisse qui a été fixée forfaitairement pour les débuts, mais qui pourra être déterminée en fonction du mouvement des fonds lorsque le chiffre d'affaires des banques deviendra important. La caisse sera ouverte aux heures indiquées et les opérations se feront en présence du Directeur de la Banque (1).

L'arrêté organique spécifie qu'aucun Administrateur ne pourra voter sur un prêt demandé par lui, pour lui-même ou pour un de ses parents ou alliés jusqu'au 3° degré ; ni sur un prêt demandé par toute personne endettée envers lui ou envers tout membre de sa famille ; et qu'il ne pourra se porter garant ou caution de tout prêt consenti par la banque.

Ces dispositions n'empêchent pas un Administrateur d'obtenir pour lui-même des prêts de la banque ; elles ont pour but de restreindre, dans la mesure du possible, les combinaisons de toute nature qui interviennent en la circonstance, et qui permettent à un Administrateur indigène soit de se faire verser régulièrement des commissions, soit d'emprunter des sommes importantes par le moyen de membres de sa famille ou de compères dont il se porte garant.

L'arrêté organique porte que l'Institution du Crédit populaire agricole pourra être chargée de la répartition et du recouvrement éventuel des fonds consacrés par la colonie à la réparation des dommages causés par les accidents naturels. Il était tout indiqué, en effet, de recourir pour cet objet aux offices de l'organisation très complète que constituera dans l'avenir la Banque provinciale appuyée sur les Comités communaux ou sur les Banques communales. Le soin de régler les modalités de ce concours a été laissé à des actes ultérieurs qui seront nécessairement des actes de circonstance.

---

(1) Toutefois le Directeur de la Banque pourra être autorisé par les statuts à recevoir du payeur une avance de fonds pour la réalisation des prêts inférieurs à 100 piastres.

Conditions des prêts.

Le montant d'un prêt sera fonction de la valeur des garanties offertes et sera calculé dans les conditions indiquées par l'arrêté organique, suivant la qualité de ces garanties.

La durée sera en principe fixée par celle de l'opération pour laquelle il est sollicité.

Tous les prêts sur récolte seront considérés comme prêts saisonniers Il en sera de même, en principe, pour les prêts inférieurs à 100 piastres, même s'ils sont garantis par un nantissement. C'est une expérience aujourd'hui générale dans tous les pays d'Extrême-Orient, qu'une Institution de petits prêts ne peut éviter les gros arriérés et par suite une situation déficitaire, que par le prêt à court terme dont l'échéance coïncide aussi exactement que possible avec l'époque de la récolte.

Le cultivateur se trouve ainsi en mesure de remplir ses engagements, alors qu'il ne peut généralement pas le faire avec le prêt à un an, dont l'échéance tombe le plus souvent à une époque où il a disposé de ses fonds.

Cette règle devra être appliquée en particulier pour toutes les cultures annuelles : riz, maïs, tabac, cotonnier, canne à sucre, etc. Elle comportera nécessairement des exceptions dont le Conseil d'administration restera juge.

D'autre part, des renouvellements de prêts pourront être consentis en s'inspirant toujours du même principe, et seulement lorsque l'emprunteur aura été mis dans l'incapacité de rembourser par un fait indépendant de sa volonté.

Pour les prêts supérieurs à 100 piastres, exception faite pour les prêts aux communes, on évitera également les longues durées. Il est préférable de satisfaire les besoins des emprunteurs par des prêts à un an renouvelables au gré de la banque, que par des prêts à long terme au cours desquels des garanties des prêts peuvent être altérées sans que la Banque puisse exiger le remboursement. Quant aux prêts aux communes, sollicités en vue de travaux d'amélioration foncière intéressant l'ensemble ou une partie seulement de la communauté, ils peuvent être sans inconvénient consentis pour la durée maximum de cinq ans, afin de permettre aux budgets communaux d'échelonner les remboursements sur une longue période.

Tous les prêts d'un montant supérieur à 100 piastres devront faire l'objet d'une demande de l'emprunteur conforme au modèle n° 8. Les demandes de cette nature seront instruites par les moyens de la Banque provinciale.

L'arrêté organique énumère les sortes de garanties qui peuvent être acceptées par la Banque comme gage des prêts.

En principe, partout où à l'aide du nantissement agricole qui sera institué dans les pays de protectorat, il sera possible de constituer une garantie foncière d'après le cadastre des terres ou la consistance du diabô, ou encore une garantie immobilière, cette garantie sera demandée pour les prêts individuels ou collectifs.

Parmi les garanties mobilières, la remise de titres pourra être acceptée couramment ; le dépôt en magasins de produits agricoles tenus à la disposition de la Banque sera envisagé, sous réserve de la sûreté du dépôt et des risques possibles d'altération des produits en magasin.

Les autres garanties mobilières ne devront être acceptées qu'avec prudence. Elles ne sont pas sans valeur, en particulier celle des récoltes pendantes. Aux Indes néerlandaises elles assurent un volume important de petits prêts ; mais elles n'ont acquis une sûreté suffisante que grâce au concours de Comités communaux épurés et d'un contrôle très attentif des Banques provinciales.

La plupart des banques pourront s'engager dans des opérations de ce genre après quelques années de fonctionnement et d'étude. Toutefois, si dans les districts où la garantie foncière serait difficile à réaliser, il paraissait indispensable d'accepter la garantie constituée par des récoltes pendantes ou du cheptel, il y aura lieu de demander une garantie complémentaire, de caractère collectif plus particulièrement.

Parmi les garanties personnelles, celle de la commune offre toute sécurité. Elle consistera dans une délibération du Conseil communal, soit approuvant l'inscription au budget de la commune des annuités nécessaires au remboursement dans le cas d'un emprunt sollicité par la commune elle-même, ou s'engageant à couvrir les emprunteurs défaillants, dans le cas où la commune donnerait son aval à un emprunt de caractère collectif, par exemple pour des prêts sur récolte. La garantie des individus, sans être négligeable, ne devra être acceptée qu'avec la plus grande réserve. Elle sera autant que possible refusée pour les petits prêts, afin d'éviter que les cultivateurs pauvres ne retombent par une voie détournée, entre les mains de ceux des indigènes riches ou aisés qui pratiquent en même temps le prêt et l'usure.

Le taux maximum d'intérêt des prêts a été fixé à 12 pour cent par an, maximum légal du taux d'intérêt pour les prêts civils. Il devra être appliqué par toutes les banques, pour aussi longtemps qu'elles n'auront pas constitué des réserves importantes.

Afin d'éviter les complications que comporte la tenue d'une comptabilité d'intérêts, il a été spécifié que les intérêts seront payables d'avance pour tous les prêts d'une durée égale ou inférieure à un an, et annuellement et d'avance pour ceux d'une durée supérieure à un an.

Au paiement des intérêts viendra s'ajouter, pour la constitution d'un fonds de prévoyance, un prélèvement de 3 pour cent du montant de chaque prêt. Le taux de ce prélèvement a été fixé à un chiffre très bas à titre d'essai. L'avenir montrera s'il est suffisant. Il compte bien entendu pour la durée totale du prêt, mais doit être perçu à nouveau pour chaque renouvellement.

Par exemple pour un prêt saisonnier d'un montant de 100 piastres, consenti pour une durée de sept mois, l'emprunteur signera un billet à ordre de 100 piastres et touchera 100 — (7 + 3) = 90 piastres ; en cas de renouvellement pour une durée de 9 mois, il paiera à l'échéance du billet 9 + 3 = 12 piastres et signera un nouveau billet. Pour un prêt de 500 piastres consenti pour une durée de 18 mois, l'emprunteur touchera 500 — (60 + 15) = 425 piastres, et devra payer un an après la signature du billet les six mois d'intérêts à courir, soit 30 piastres.

Les banques qui voudront à la fois simplifier leur comptabilité, restreindre les risques et profiter au maximum des avantages que reconnaît l'arrêté organique, devront ne consentir que des prêts d'une durée d'un an, réserve faite bien entendu des prêts aux communes, et procéder par renouvellements successifs des prêts.

* *

Les Banques provinciales sont autorisées à acheter pour le compte de leurs sociétaires : des semences, des plants, des insecticides, des engrais, du cheptel vif, des outils, machines et instruments agricoles. Elle ne feront pas dans ce cas une opération commerciale et ne réaliseront pas de bénéfices ; elles serviront uniquement d'intermédiaire et principalement pour des achats collectifs. Leur office devra donc être sollicité et se limiter à l'importance des demandes ; il ne sera prêté que contre garanties certaines de remboursement ou contre paiement d'avance.

Fonds des Banques. — Mouvements des fonds.

L'article 33 indique la composition du fonds de roulement des Banques provinciales : capital social, avances ou emprunts sur les fonds du Crédit populaire agricole, dépôts, fonds de réserve.

Le capital social est constitué à l'aide des parts souscrites par les sociétaires. Le montant de ces parts a été fixé à un chiffre très bas. Située dans un milieu rural généralement fermé à la conception du prêt mutuel et pauvre, une Institution du crédit que se propose à la fois de faire prospérer l'idée de mutualité et de rester accessible aux humbles, doit abaisser à l'extrême limite le droit d'entrée dans des sociétés créées à leur intention. Le montant de la part individuelle pourra être abaissé à une demi-piastre sans inconvénient dans les districts pauvres ; il ne sera dans aucun cas suprieur à une piastre. Le chiffre maximum de 25 piastres fixé pour les collectivités et les communes est également minime.

Le capital social, constitué à l'aide de ces parts, ne formera jamais qu'une partie infime de l'actif des banques.

L'autre partie de l'actif, représentée par leur fonds de réserve propre, ne se constituera qu'avec le temps. Il en ira de même du fonds de réserve des communes, dont la gestion est provisoirement confiée aux Banques provinciales, jusqu'à la création des Banques communales. .

Le fonds de roulement des banques sera donc alimenté exclusivement au début, et en grande partie pendant les dix ou quinze premières années, par les fonds du Crédit populaire agricole.

Il a été fait une distinction entre les emprunts et les avances obtenus sur ces fonds, selon que les sommes seront ou non productrices d'intérêt.

Les sommes qui seront versées aux Banques provinciales sur le Compte spécial du crédit populaire agricole ouvert à la Banque de l'Indochine, porteront intérêt à 3 pour cent l'an. Mais on peut escompter qu'une partie des fonds qui reviendront au Gouvernement général de l'Indochine, à dater du renouvellement du privilège d'émission, pourra être avancée gratuitement à cette Institution.

Sur les fonds du Crédit populaire agricole les banques obtiendront des avances ou emprunts globaux, qui leur serviront pour payer les dépenses courantes et sur lesquels elles pourront consentir directement les prêts individuels d'un montant maximum de 1.000 piastres et les prêts collectifs ou aux communes d'un montant maximum de 2.000 piastres .

Cette obligation se rapporte, non seulement aux prêts consentis aux communes ou aux collectivités mais également, à tout prêt de nature collectif, en particulier de ceux garantis par les budgets communaux ou par tout gage collectif.

Pour les prêts d'un montant supérieur à ces chiffres la banque devra adresser au Service du Crédit agricole des demandes spéciales, appuyées des dossiers complets des emprunteurs établis conformément aux dispositions de l'arrêté organique.

Ces demandes seront satisfaites, s'il y a lieu, au moyen d'avances ou d'emprunts spéciaux.

Les banques pourront ouvrir un service de dépôt pour leurs sociétaires. Ces dépôts ne seront acceptés qu'à terme de six mois ou un an, afin de simplifier la comptabilité et d'éviter les risques qu'occasionnent les dépôts à vue en cas de remboursements massifs.

Les articles 35 et suivants se rapportent à la gestion du Compte spécial et au mouvement des fonds entre ce compte et les Banques provinciales. Ils ne présentent rien de particulier.

Personnel.

Le chiffre d'affaires des banques restera modeste pendant un certain nombre d'années ; aussi convenait-il au cours de cette période d'alléger leur budget des dépenses assez lourdes d'entretien du personnel européen. Cette mesure a été inscrite dans l'arrêté d'institution du 4 septembre 1926. Elle a été complétée par une disposition de l'article 2 qui spécifie que ce personnel sera recruté parmi les personnels en service dans la Colonie. Toutefois, l'article 38 de l'arrêté du 21 juillet 1927 limite à la date de création de la Caisse centrale la période d'application de ce mode recrutement.

D'une part, il était indispensable de prêter aux banques, pendant la période d'organisation, le secours de personnels réguliers. de l'autre, il convenait de laisser à l'Institution du Crédit populaire agricole, lorsqu'elle sera dotée de l'autonomie, une large indépendance dans la formation et le recrutement du personnel qu'elle aura à sa charge.

Provisoirement donc, le personnel européen sera recruté dans les cadres de fonctionnaires locaux ou métropolitains, et détaché à l'Institution du Crédit populaire agricole. Par la suite son recrutement sera réglé par le statut spécial qui interviendra ; mais la nomination des Directeurs de banque restera toujours soumise à l'agrément de l'Administration.

Par contre, les banques ont toute liberté pour le recrutement du personnel indigène.

Contrôle des opérations et des banques.

Le contrôle des opérations des Banques de Crédit agricole est dans tous les pays, et plus particulièrement en Extrême-Orient, une condition primordiale du succès.

Ce contrôle doit intervenir à tous les degrés, sans cependant gêner la marche des affaires. Celui de l'Institution du Crédit populaire agricole a été réglé comme suit :

1°) La Banque provinciale contrôle les demandes présentées par les Comités communaux, les particuliers, les collectivités et les communes à l'aide de contrôleurs indigènes et européens. La sanction de ce contrôle réside dans l'acceptation ou le rejet des demandes, dans la responsabilité personnelle des membres des Comités communaux et des Administrateurs en cas de violation des règlements ou des statuts ou de fausse déclaration, dans la responsabilité civile du personnel de la Banque ;

2°) Le contrôle du fonctionnement d'une banque provinciale s'exerce à deux degrés.

a) un contrôle permanent, exercé sur place par le Chef de province et, de Hanoi, par le service du Crédit agricole.

Le premier au titre de censeur légal veille au respect des statuts et donne ou refuse son visa ; le second juge de la bonne gestion de la Banque et accorde ou refuse les sommes demandées.

b) un contrôle intermittent, sur place, exercé par les deux autorités directement intéressées au bon fonctionnement de l'Institution : le Chef d'administration locale, le Service du Crédit agricole, et qui n'a d'autre objet que de renforcer le premier. Il ne comporte pas de sanction directe.

3°) La comptabilité est soumise au contrôle permanent du payeur ou percepteur ; les opérations de caisse sont faites par le payeur ou percepteur assisté du directeur de la Banque.

L'article 43 institue dans chaque pays de l'Union une Commission qui se réunira chaque année, lorsque les Banques auront clôturé leurs comptes et remis leur rapport sur les opérations effectuées au cours de l'année. Cette Commission, peu nombreuse, constituée des personnalités les mieux qualifiées dans l'ordre politique, agricole et financier et présidée par le Chef d'Administration locale, pourra rendre de grands services à l'Institution et fournir en même temps de très utiles avis au Service du Crédit agricole et plus tard à la Caisse centrale qui la dirigera.

C'est dans un but analogue, mais dans un cadre plus restreint, celui de la province, que le fonctionnaire provincial de l'agriculture a été admis à siéger avec voix consultative au Conseil d'administration de la Banque.

*
* *

En définitive, tel qu'il se présente, l'arrêté organique quoique constituant une nouveauté pour l'Indochine, a été établi en tenant compte de l'expérience déjà acquise dans la Colonie en matière de crédit agricole, et en s'inspirant des méthodes suivies aux Indes néerlandaises et aux

Indes anglaises par les grandes Institutions qui diffusent le crédit principalement parmi les populations rurales pauvres.

Il constitue un cadre très large grâce auquel, par le moyen des statuts, chaque société pourra prendre sa figure propre, s'adapter aux conditions les plus variées de l'agriculture, offrir son crédit sous la forme la plus appropriée.

L'Institution dont il est la charte provisoire répond à des besoins maintes fois affirmés ; conduite avec prudence, elle est assurée d'un succès certain.

Règlement de comptabilité.

Afin de faciliter le contrôle des opérations effectuées par les Banques provinciales du Crédit populaire agricole, il est nécessaire qu'elles observent toutes les mêmes règles pour la tenue de leurs écritures comptables et utilisent des livres semblables.

Nous avons pensé qu'il y aurait intérêt pour ces banques à adopter le système de comptabilité centralisatrice qui peut convenir aussi bien pour les banques peu importantes que pour celles qui auront un gros chiffre d'affaires. Ce système permet en effet une division utile du travail, en raison de la tenue d'un certain nombre de journaux divisionnaires qui servent à l'établissement de la comptabilité générale.

Au début, tous les livres seront tenus par le Directeur de la Banque, puis au fur et à mesure que les opérations se développeront, le Directeur se déchargera de ce travail sur des employés subalternes et ne tiendra plus que le journal général.

Le principe du système centralisateur est de grouper au journal général, en un très petit nombre d'articles, toutes les écritures relatives aux opérations effectuées pendant une période déterminée.

Dans ce but on ouvre :

a) pour chacun des deux comptes principaux : Caisse et emprunteurs, un journal divisionnaire à colonnes. Sur la page du débit, on réserve la première colonne pour les sommes passées au débit du compte, ces sommes sont ensuite réparties au crédit des comptes convenables à chacun desquels une colonne a été réservée.

Au bout de la période, une décade par exemple, on fait d'une part le total des sommes de la première colonne qui donne le total du débit et les totaux partiels des autres colonnes qui donnent chacune les sommes à porter au crédit des différents comptes qui ont joué avec le compte principal.

On peut alors grouper au journal général en un article unique toutes les écritures de la décade relatives au débit du compte principal.

Il en est de même pour le crédit.

b) les comptes d'ordre et ceux qui ne jouent que rarement sont groupés dans un journal divisionnaire spécial, appelé journal d'annotations.

Dans chaque Banque provinciale on ouvrira donc les trois journaux divisionnaires suivants :

Journal de Caisse ;

Journal des emprunteurs ;
Journal d'annotations.

Les écritures seront reportées au Journal général et au grand livre tous les dix jours.

Nous donnons ci-après les modèles de ces journaux divisionnaires.

1ᵒ — JOURNAL DE CAISSE

Débit

Date	Comptes du grand livre général à créditer	Comptes des grands livres auxiliaires à créditer	Numéros	Libellé	Sommes	Emprunteurs	Banques	Frais généraux	Dépots en comptes courants	Avances du crédit populaire	Divers

Les recettes ou entrées de fonds en caisse sont portées, d'une part dans la première colonne (sommes), et d'autre part, dans la colonne réservée au compte qui a fourni les fonds, par exemple :

Avances ou emprunts du Crédit populaire agricole. — S'il s'agit d'une avance ou d'un emprunt consenti par cette institution ;

Dépôts en comptes courants. — Si les fonds ont été remis par un déposant au crédit de son compte ;

Banques. — Dans le cas où l'argent provient d'un prélèvement sur le compte de la Société à une Banque ;

Emprunteurs. — Chaque fois qu'il s'agit d'une remise de fonds par le titulaire d'un prêt, pour le paiement d'effets, d'intérêts ou d'acomptes ;

Frais généraux. — Si la somme est destinée à rembourser des frais payés par la caisse pour le compte d'un sociétaire : remboursement de timbres d'effets notamment.

Divers. — Lorsque la recette ne peut être affectée à aucun des comptes ci-dessus et dans ce cas on indique dans la colonne réservée à cet effet, le compte du grand livre à créditer.

Crédit.

Dates	Comptes du grand livre général à débiter	Comptes des grands livres auxiliaires à débiter	Numéros	Libellé	Sommes	Emprunteurs	Banques	Frais généraux	Dépôts en comptes courants	Divers

Toute sortie de fonds est portée au crédit du compte dans la première colonne (sommes), et au débit des comptes qui ont reçu les fonds dans les autres colonnes, par exemple :

Dépôts en comptes courants. — Lorsqu'il s'agit du prélèvement sur leur compte effectué par des déposants ;

Frais généraux. — Pour payer les dépenses de personnel ou de matériel ;

Banques. — Dans le cas où la Société dépose des fonds dans une banque ;

— 40 —

Emprunteurs. — Chaque fois qu'il s'agit d'une remise de fonds au bénéficiaire d'un prêt ;

Divers. — Lorsque la dépense ne se rapporte à aucun des comptes ci-dessus.

Les écritures au livre de caisse seront passées chaque jour, et à la fermeture de la banque on devra toujours vérifier s'il y a concordance entre les espèces et les écritures.

2° — JOURNAL DES EMPRUNTEURS

Crédit.

Date	Nᵒ des effets	Comité communal	Nom de l'emprunteur	Echéance	Libellé	Sommes	Comités communaux			Prêts directs				Effets litigieux	Intérêts et escomptes
							Effets escomptés	Effets renouvelés	Effets en retard	Effets escomptés	Effets renouvelés	Effets en retard	Prêts aux communes		

Le compte « Emprunteurs » est crédité lors de la remise de l'effet constatant un prêt ou son renouvellement, et le montant nominal de l'effet est inscrit dans l'une des colonnes.

Ce compte est également crédité du montant de l'escompte qui est remis à l'emprunteur lors du paiement anticipé d'un effet.

Débit

Date	No des effets	Comité communal	Libellé	Sommes	COMITÉS COMMUNAUX			PRÊTS DIRECTS				Acomptes sur effet	Intérêts et escomptes	Souscripteurs	Fonds de prevoyance
					Effets escomptés	Effets renouvelés	Effets en retard	Effets escomptés	Effets renouvelés	Effets en retard	Prêts aux communes				

Lors de la remise à la banque d'un effet ou d'un bordereau d'effets le compte « Emprunteurs » est débité du montant des intérêts à percevoir, et, s'il y a lieu, du montant des parts de capital souscrites et de la retenue pour la constitution du fonds de prévoyance.

Ce compte est également débité lors du remboursement ou du renouvellement d'un effet, du montant normal de l'effet qui est inscrit dans la colonne convenable.

3° — JOURNAL D'ANNOTATIONS

Date	Numéros	Compte du grand livre général à débiteur ou à créditeur	Libellé	DÉBIT							CRÉDIT						
				Sommes	Souscripteurs	Intérêts et escomptes	Avances du crédit populaire	Banque	Pertes et profits	Divers	Intérêts et escomptes	Dépôts en comptes courants	Banques	Pertes et profits	Capital	Réserves	Divers

On a fait figurer dans ce livre un certain nombre de comptes qui ne jouent qu'assez rarement et qui ne donnent lieu à aucun mouvement d'espèces ou d'effets.

A la fin de chaque semestre notamment, on débitera le compte « Intérêts et escomptes » par le crédit du compte « Dépôts en comptes courants » des intérêts des sommes déposées à la banque provinciale, on le créditera au contraire par le compte « Banques » des intérêts des sommes que la banque provinciale aura placées.

En fin d'exercice on créditera le compte « Pertes et Profits » du solde du compte « Intérêts et Escomptes ».

Journal général. — Grand-livre général.

Tous les dix jours on totalisera les opérations de chaque décade dans les trois journaux divisionnaires et l'on passera les articles correspondants, au Journal général.

Les écritures du Journal général seront ensuite reportées au Grand-livre général suivant la méthode ordinaire.

⁂

On trouvera ci-après, pour servir de guide la méthode pour passer en écritures les diverses opérations qui peuvent se présenter dans une banque provinciale.

Le tableau que nous donnons d'abord indique la nature de chaque opération et, en regard, une lettre et un chiffre. La lettre correspond au livre sur lequel cette opération doit être reportée :

A. — Journal de caisse — Débit ;

B. — Journal de caisse — Crédit ;

C. — Journal des emprunteurs — Crédit ;

D. — Journal des emprunteurs — Débit ;

E. — Journal d'annotations.

Le chiffre permet en se reportant au livre indiqué de retrouver dans ce livre l'opération prise comme exemple.

A la suite de ce tableau, on trouvera des modèles de tenue de chacun des livres, ainsi qu'un modèle de bilan annuel et de compte profits et pertes, établis à l'aide des opérations indiquées au tableau précédent.

Les pièces et registres comptables dont les types sont fixés par les présentes instructions seront délivrés gratuitement aux premières banques d'essai.

NOMENCLATURE DE DIVERSES OPÉRATIONS EFFECTUÉES PAR UNE BANQUE PROVINCIALE DE CRÉDIT POPULAIRE AGRICOLE

		Journaux divisionnaires	Nº des articles

Décade du 10 au 20 janvier 1927.

1

10 janvier. — La Banque provinciale reçoit de l'institution du Crédit populaire agricole un prêt de. . . . . **3.000 00** — A — I

2

10 janvier. — Elle achète des livres comptables pour : . . . . . **6 00** — B — 1
et 50 timbres pour effets de commerce à 0.10. . . . . . . **5 00** — B — 2

3

10 janvier. — La Banque provinciale dépose en compte courant à la Banque X. . . . . **1.500 00** — B — 3

4

10 janvier. — Le Comité communal de Quan-Nhan remet à la Banque provinciale un bordereau d'effets dont 3 sont acceptés. . . . **175 00** — C — 1

Nº		Montant	Durée	Escompte	Fonds de prévoyance
Nº	1	$ 50	1 an	6	1.50
	2	$ 25	6 mois	1.50	0.75
	3	$ 100	9 mois	9.00	3 00
		175		16.50	5.25

Il est retenu au total 16 $ 50 d'escompte . . . . **16 50** — D — 1
et 5 $ 25 pour constitution du fonds de prévoyance. . . . . . **5 25** — D — 1
Les 3 emprunteurs souscrivent chacun à une part de capital de 1 $ **3 00** — E — 1

4 bis

10 janvier — La Banque verse à un membre du Comité de Quan-Nhan, le total des effets, moins les sommes retenues pour l'escompte, les souscriptions de parts et la constitution du fonds de prévoyance. . . . . **150 25** — B — 4

4 ter

10 janvier — Le membre du Comité rembourse 3 timbres à 0.10 qui avaient été apposés sur les effets . . . . **0 30** — A — 2

5

10 janvier. — Remise directe par un emprunteur d'un effet (no 4) de 500 $ 00 à 1 an qui est accepté. . . . . **500 00** — C — 2
Escompte 60 $. . . . . **60 00** — D — 2
Retenue de 15 $ 00 pour constitution du fonds de prévoyance . **15 00** — D — 2
Retenue de 1 $ 00 pour souscription à une part de capital. . . **1 00** — E — 1

		Journ aux divisionnaires	n° des articles

5 bis

10 janvier. — Le net déduction faite de l'escompte, de la retenue pour souscription de parts et pour la constitution du fonds de prévoyance est versé à l'emprunteur . . . . | 424.00 | B | 5

5 ter

10 janvier. — Cet emprunteur rembourse les timbres apposés sur l'effet. | 0 50 | A | 3

6

10 janvier. — Phuoc-van-Neua dépose en compte courant 400 piastres pour 6 mois . . . . | 400 0 | A | 4

7

20 janvier. — La commune de Phu-Thu remet un effet (n° 5) de 1.000 $ à 1 an . . . . | 1.000 00 | C | 3
Il est retenu 120 $ d'intérêts . . . . | 120 00 | D | 3
30 $ pour constitution du fonds de prévoyance. . | 30 00 | D | 3
et 25 $ pour souscription d'une part . . . . . . | 25 00 | E | 3

7 bis

20 janvier. — Le net est versé immédiatement au Président du Conseil communal . . . . | 825 00 | B | 6

7 ter

20 janvier. — Remboursement de 10 timbres à 0,10 . . . . . . | 1 00 | A | 5

Decade du 21 au 31 janvier 1927.

8

Le comité communal de Quan-Nhan remet un bordereau d'effet sur lesquels 8 sont acceptés :

	MONTANT	DURÉE	ESCOMPTE	FONDS DE PRÉVOYANCE
N° 6. . . .	50	6 mois	3.00	1.50
7. . . .	25	»	1.50	0.75
8. . . .	75	»	4.50	2.25
9. . . .	60	9 »	5.40	1.80
10. . . .	40	1 an	4.80	1.20
11. . . .	30	6 mois	1.80	0.90
12. . . .	20	»	1.20	0.60
13. . . .	70	»	4.20	2.10
	370		26.40	11.10

Total du Bordereau . . . . | 370 00 | C | 4

		Journaux divisionnaires	No des articles
Il est retenu 26, 40 d'intérêts :	26 40	D	4
11 $ 10 pour constitution du fonds de prévoyance	11 10	D	4
8 $ pour souscription à 8 parts de capital à 1 $ 00	8 00	E	3

8 bis

21 janvier — Versement du net du bordereau à un membre du Comité communal	324 5(	B	7

8 ter

21 janvier — Remboursement des 8 timbres à 0,10 apposés sur les effets.	0 80	A	6

9

10 janvier — La Banque provinciale reçoit un prêt de spécial de 2.000 $ de l Instiution du Crédit populaire pour consentir un prêt de même somme à un particulier	2.000 00	A	7

10

31 janvier — Remise par M. . . . . . d'un effet (no 14) de 2.000 $ à 1 an	2.000 $ 00	C	5
Escompte perçu : 240.	240 00	D	5
Retenue pour constitution du fonds de prévoyance : 60. . . .	60 00	D	5
Souscription à 1 part de 1 $	1 00	E	4

10 bis

31 janvier — Versement à cet emprunteur du montant net de l'effet (no 14) déduction faite de l'escompte, de la souscription à 1 part et de la retenue pour constitution du fonds de prévoyance . . L'emprunteur avait apposé lui-même le timbre de 2 $	1.699 00	B	8

11

31 janvier — Paiement du loyer de la Banque	30 00	B	9
Frais de déplacement du Directeur de la Banque	4 00		
Achat d'une table.	10 00		

Décade du 21 au 31 mars 1927.

13

21 mars — Paiement anticipé de 20 $ sur l'effet no 10 de 40 $		C	6
Remboursement de 2 $, intérêts perçus en trop du 21 mars au 20 janvier 1928		D	6
	18 00	A	8

14

21 mars — Paiement anticipé de l'effet no 3 à échéances du 10 octobre 1927-100 $	93 35		
Remboursement des intérêts perçus du 21 mars au 10 octobre 1927-6, 65.			

			Journaux divisionnaires	Nᵒˢ des articles

15

31 mars — Remise d'un bordereau de 4 effets par le Comité communal de Quan-Nhan.

	Montant	Durée	Escompte	Fonds de prévoyance.
Nᵒ 15	50	1 an	6.00	1.50
16	100	»	12.00	3.00
17	50	9 mois	4.50	1.50
18	25	»	2.25	0.75
	225		24.75	6.25

Total du bordereau	225	00	C	8
Retenue pour l'escompte	24	75	D	8
pour constitution du fonds de prévoyance.	6	75	D	8
pour souscription à 3 parts de capital, l'un des emprunteurs étant déjà sociétaire	3	00	E	5

15 bis

31 mars. — Versement, à un membre du Comité, du net du bordereau. | 190 | 50 | B | 10

16

31 mars. — Prélèvement par la Banque provinciale sur son compte de dépôt à la Banque X de. . . . . | 200 | 00 | A | 10

17

Paiement du loyer de la Banque. . . . . | 30 | 00 | B | 11
Paiement du contrôleur de la Banque . . . . | 25 | 00 | B | 11

. . . .

Décade du 10 au 20 juillet 1927.

18

11 juillet. — La Banque provinciale est avisée par l'Institution du crédit populaire agricole que le montant des intérêts de ses emprunts pendant le 1ᵉʳ semestre est de : Elle en effectue le paiement par mandat sur le trésor . . . . | 67 | 50 | B | 15

19

11 juillet. — La Banque X avertit la Banque provinciale qu'elle a crédité son compte de 20.65 montant des intérêts de son compte courant à 3 o/o pendant le 1ᵉʳ semestre. . . . . | 20 | 65 | E | 7

20

11 juillet. — La banque provinciale crédite Phuoc-van-Ncua du montant des intérêts de son compte courant du 11 janvier au 10 juillet (taux 3 o/o). . . . . | 6 | 00 | E | 8

		Journaux divisionnaires	N· des articles.

21

11 *juillet*. — Phuoc-van-Neua prélève 200 $ 00 sur son compte et laisse le solde en dépôt pour 6 mois. . . . .

200	00	B	12

22

11 *juillet*. — Prélèvement par la Banque provinciale de 500 $ 00 sur son compte courant à la Banque X . . . .

500	00	A	11

23

11 *juillet*. — Remise par le Comité communal de Dong-Lao d'un bordereau de six effets.

	Montant	Durée	Escompte	Fonds de prévoyance
Nᵒ 19	100	9 mois	9.00	3.00
20	60	1 an	7.20	1.80
21	30	»	3.60	0.90
22	50	6 mois	3.00	1.50
23	40	»	2.40	1.20
24	70	»	4.20	2.10
	350		29.40	10.50

Total du bordereau . . . .

350	00	C	9

Retenue de 29.40 pour escompte . . . .

29	40	D	9

Retenue de 10.50 pour constitution de fonds de prévoyance . .

10	50	D	9

Souscription à 6 parts de capital à 1 $ 00 . . . .

6	00	E	6

23 ᵇⁱˢ

11 *juillet*. — Remise du net de l'effet nᵒ 19 à l'emprunteur . . . . .

87	00	B	13

23 ᵗᵉʳ

11 *juillet*. — Remise du net des 5 autres effets à un membre de Comité communal . . . .

217	10	B	14

Décade du 20 au 31 juillet 1927.

24

21 *juillet*. — Remboursement de l'effet nᵒ 2 échu le 10 juillet . . .

25	00	A	12
		D	10

25

21 *juillet*. — L'effet nᵒ 6 de 50 $ 00 est renouvelé pour 6 mois. . .

50		D	11

l'escompte est versé par l'emprunteur . . . .

		C	10

ainsi que 1 $ 50 pour la constitution du fonds de prévoyance. .

4	50	A	13

	Journaux divisionnaires	N° des articles

26

21 juillet. — L'emprunteur ne peut verser que 5 $ 00 sur le montant de son effet n° 7 de 25 $ 00 échu le 20 juillet . . . . — 5.00 — A

Il le renouvelle donc pour 20 $ 00 et pour une durée de 6 mois . — 20.00 — C

Il verse l'intérêt de 6 mois : 1.20 et 0.60 pour constitution du fonds de prévoyance. . . . . — 1.80 — A

27

21 juillet. — L'effet n° 11 est payé . . . . — 30.00 — A / D

28

31 juillet. — Paiement du loyer de la Banque . . . . — 30.00 — B

Paiement du Contrôleur de la Banque . . . . . . — 25.00 — B

29

31 juillet. — La Banque provinciale, conformément à ses statuts qui spécifient que les prêts aux communes au-dessus de 1.000 piastres doivent être soumis à l'approbation du service du Crédit agricole et être effectués sur des emprunts spéciaux, avait transmis à ce service les demandes des prêts formulées par quatre communes et destinées à des aménagements de rizières. Elle est avisée par le Service du Crédit populaire agricole que le prêt de la commune de Phu-Do a été fixé à 1.100 $ 00, celui à la commune de Phu-My à 1.200 $ 00, celui à Mê-Tri à 1.100 $ 00 et celui à Nhân-My à 1.100 $ 00.

La Banque privinciale reçoit une somme de. . . . . . . — 4.500 — A

du Crédit populaire pour la réalisation de ces prêts

30

31 juillet. — Elle verse aux communes les acomptes suivants :

    Phu-Do   300
    Phu-My   500
    Mê-Tri   500
    Nhàn-My   500   . . . . — 1.800.00 — C

Ces acomptes sont constatés par des effets à un an et la Banque perçoit les intérêts correspondants

    soit 36 $ 00 pour Phu-Do

    et 60 $ 00 pour chacun des trois autres. . . . . — 216.00 — D

Elle retient 100 $ 00 pour souscription de 4 parts . . . . — 100.00 — E

    et 54 $ 00 pour constitution du fond de prévoyance . — 54.00 — D

30 bis

31 juillet. — Les présidents des conseils communaux reçoivent le net soit. . . . . — 1.430.00 — B

31

31 juillet. — La Banque provinciale place en dépôt de la Banque X.. — 2.000.00 — B

	Journaux divisionnaires	N° des articles

Décade du 20 au 31 août 1927.

32

21 août. — L'effet nº 8 de 75 $ est renouvelé pour 6 mois, après . . **60 00** D 15 / C 13
remboursement partiel de 15 $ 00. . . . . **15.00** A 17
l'emprunteur paye l'escompte soit 3.60, les intérêts de retard du
21 juillet au 21 août 0.75 et 1.80 pour constitution du fonds de
prévoyance. **6.15** A 18

33

1 août. — L'effet nº 13 de 70 $ 00 est renouvelé. . . . . **70.00** D 16
pour 6 mois à dater du 20 juillet ;
l'emprunteur paye l'escompte : 4.20
et 2.10 pour constitution du fonds de prévoyance . . . . . . **6.30** C 14

34

31 août. — Remboursement de 2 timbres à 0,10 . . . . **0 20** A 19

Décade du 21 au 31 décembre 1927.

35

31 déc. — L'effet nº 9 à échéance du 20 octobre est classé dans les
" effets en retard " . . . . **60 00** D 18 / C 15

36

31 déc. — L'emprunteur de l'effet nº 12 de 20 $ 00.
verse 10 $ 00 d'acompte, le solde de la . . . . **10 00** A 21
créance paraît très difficilement recouvrable, l'effet est classé
dans les " effets litigieux ». . . . . **10 00** D 19 / C 16

37

31 déc. — Les effets nº 17 et 18 échus sont payés . . . . . . **75 00** A 20 / D 17

38

31 déc. — Paiement du loyer et du traitement du contrôleur de la
Banque . . . . **55 00** B 19

39

31 déc. — Le montant des intérêts des comptes de dépôt s'élève à 2.90. **2 90** E 11

40

31 déc. — Le montant des intérêts du compte de la Banque provinciale à la Banque X s'élève à. . . . . **37 40** E 10

			Journaux divisionnaires	N° des articles

41

La Banque provinciale a avisé que le montant des intérêts pour le 2e semestre des emprunts consentis par l'Institution du Crédit populaire agricole s'élève à : . . . . — **131 25 | B | 20**
Elle en effectue le paiement par mandat sur le trésor.

42

1 déc. — Le compte "Intérêts et Escomptes" est soldé par " Pertes et Profits " . . . . — **589 15 | E | 14**
ainsi que le compte " Frais généraux " . . . . — **242 20 | E | 16**
Le compte " Effets litigieux " est également soldé par " Pertes et Profits ", l'effet figurant à ce compte paraissant irrécouvrable. — **10 | E | 15**

43

Ecritures relatives.

à la fermeture des comptes de l'exercice 1927.

Voir journal général.

44

Ecritures relatives.

à l'ouverture des comptes de l'exercice 1928. — **A | 1 ; C | 1 ; D | 1 ; E | 1**

Voir journaux divisionnaires.

45

Répartition du compte « Pertes et Profits » aux réserves . . . — **241 80 | E | 2**
Paiement des ristournes au Directeur et aux Comités communaux. — **90 55 | B | 1**

MODÈLES DE TENUE DES LIVRES-COMPTABLES

A

Recettes

MOIS	DATES	COMPTES du Grand livre général à créditer	COMPTES des grands livres auxiliaires à créditer	NUMÉROS des articles	LIBELLÉ
Janvier	10			1	Emprunt de l'Institution du Crédit agricole.
—				2	Remboursement de 3 timbres d'effets
—				3	— de 5 timbres à 0,10.
--			Phuoc-van-Nena	4	Dépôt en compte courant de Phuoc-' Reçu n° 1.
Janvier	20			5	Remboursement de timbres.
Janvier	20			6	Remboursement de 8 timbres à 0,10.
—	30			7	Emprunt spécial du crédit populaire a
Janvier	*31*				
Mars	21			8	Versement anticipé d'un acompte s n° 10 et remboursement d'une partie rêts perçus.
				9	Paiement anticipé de l'effet n° 3. — sement des intérêts perçus du 20 10 octobre.
Mars	*31*			10	Prélèvement sur notre compte à la B
Juillet	11	Banque X...		11	Prélèvement sur notre compte à la B
Juillet	20				
—	21	Banque X.		12	Remboursement de l'effet n° 2.
				13	Paiement de l'escompte et de la rete constitution du fonds de prévoyanc renouvellement de l'effet n° 6.
				14	Remboursement partiel de 5 $ sur l'e paiement des intérêts de renouvel de la retenue pour fonds de prévoy
				15	Remboursement effet n° 11.
—	30			16	Emprunt spécial de l'institution d populaire agricole.
Juillet	*31*				
Août	21			17	Remboursement partiel de 15$ sur l'ef paiement des intérêts de retard. de l' et de la retenue pour fonds de prév
				18	Paiement des intérêts et de la reto constitution du fonds de prévoya renouvellement effet n° 13.
				19	Remboursement de timbres.
Décembre	31			20	Remboursement effets n° 17 et 18.
Décembre	*31*			21	Paiement d'un acompte de 10 $ sur l'e
Janvier	*1ᵉʳ*	*Balance d'Inventaire*		*1*	*Solde.*

ONNAIRE DE CAISSE (DÉBIT)

Débiter la Caisse par le crédit de:

MES	EMPRUNTEURS	BANQUES	FRAIS généraux	DÉPÔTS en comptes courants	EMPRUNTS ou avances du Crédit populaire agricole	DIVERS
0					3 000	
0,30			0,30			
0,50			0,50			
00				400		
1,			1,			
01,80			1,80	400	3.000	
0,80			0,80			
00					2.000	
00,80			0,80		2.000	
18,00	18,00					
93,35	93,35					
00		200				
11,35	111,35	200				
00		500				
00		500				
25	25					
4,50	4,50					
6,80	6,80					
30	30					
00					4.500	
66,90	66,90				4.500	
21,15	21,15					
6,30	6,30					
0,20			0,20			
27,65	27,45		0,20			
75	75					
10	10					
85	85					
892,90	290,10	700	2,80	400	9.500	
401,80						1.401,80

B

Dépenses

MOIS	DATE	COMPTES du Grand livre général à débiter	COMPTES des livres auxiliaires à débiter	Nos des articles	LIBELLÉ
Janvier	10			1	Achat de livres comptables (Facture d primeur).
»	»			2	Achat de 50 **timbres** pour effets à 0,10.
»	»			3	Dépôt à la Banque X..... de
»	»			4	Versement à un membre du comité cor de Quan-Nhan du net des effets l bordereau nº 1 (Reçus nº 1).
»	»			5	Versement à M.........., du net de s nº 4 (Reçu nº 2).
»	20			6	Versement au Président du Conseil cor de Phu-Thu du net de l'effet nº 5 (Re
Janvier Janvier	20 21			7	Versement à un membre du comité cor de Quan-Nhan du net de son bor nº 2, effets nº 6 à 13 inclus (Reçu nº
»	31			8	Versé à M............ le net de so nº 14 (Reçu nº 5).
»	»			9	Paiement du loyer 30 $, du traitement trôleur indigène 25 $ des frais de dépla du Directeur 4 $ et achat d'une tal (Reçu nº 1).
Janvier Mars	31 31			10	Versement à un membre du comité cor de Quan-Nhan du net de son bordére (Reçu nº 6).
»	»			11	Paiement du loyer de la banque — du traitement du contrôleur
Mars Juillet	31 11			12	Prélèvement de Phuoc-Van-Neua su compte courant (Reçu nº 2).
»	»			13	Versement à l'emprunteur du net de l'eff (Reçu nº 7).
»	»			14	Versement à un membre du comité com de Dang-Lao du net des effets nº 20 à clus (Reçu nº 8).
»	»			15	Paiement des intérêts du 1er semestre à titution du crédit populaire agricole
Juillet Juillet	20 31	Intérêts et Escomptes		16	Paiement du loyer de la banque — du traitement du contrôleur
»	»			17	Versement aux Présidents des conseils c naux de Phu-Do, Phu-My, Métri, Ni du net des effets, 25, 26, 27, 28 (Reçu
Juillet	31			18	Versement en compte courant à la Banq
Décembre	31			19	Loyer, et traitement du contrôleur
Décembre	31	Intérêts et Escomptes		20	Paiement des intérêts dus à l'Institution c dit populaire agricole pour le 2º se
1928 Janvier	1er	Pertes et Profits		1	Paiement au Directeur de la ristourne — aux comités communaux : de 2

ONNAIRE DE CAISSE (CRÉDIT)

Créditer la Caisse par le débit de:

MMES	EMPRUNTEURS	BANQUES	FRAIS GÉNÉRAUX	DÉPÔTS EN COMPTES COURANTS	DIVERS
6			6		
5			5		
.500		1.500			
150,25	150,25				
424	424				
825	825				
.910,25	1.399,25	1.500	11		
324,50	324,50				
.699	1.699				
69			69		
.092,50	2.023.50		69		
190,50	190,50				
55			55		
245,50	190,50		55		
200				200	
87	87				
217,10	217,10				
67,50					67,50
571,60	304.10			200	67,50
			30		
55			25		
.430	1.430				
2.000					
.485	1.430	2.000	55		
55			55		
131,25					131,25
186,25			55		13.,25
.494,10	5.347,35	3.500	245	200	198,75
90,55					90,55

MODÈLE DE TENUE DU JOURNA[...]

Créditer le compte « Emprunteurs »

DATES	NUMÉROS des effets	COMITÉ communal	NOM de l'emprunteur	ÉCHÉANCES	NUMÉROS des articles	LIBELLÉ
1927						
Janvier 1	1	Quan-Nhan	A	10 janvier 28	1	Remise du bordereau no 1.
	2		B	10 juillet 27		—
	3		C	10 octobre 27		—
—	4	Prêt Direct	D	10 janvier 28	2	Remise effet no 4.
Janvier 20	5	Cne de Phu-Thu		20 janvier 28	3	— effet no 5.
Janvier 20						
Janvier 21	6	Quan-Nhan	E	20 juillet 27	4	Remise du bordereau no 2.
	7	—	F			—
	8	—	G	—		—
	9	—	H	20 octobre 27		—
	10	—	I	20 janvier 28		—
	11	—	K	20 juillet 27		—
	12	—	L			—
	13	—	M	—		—
Janvier 31	14	Prêt Direct Quan-Nhan	N	31 janvier 28	5	Effet no 14.
Janvier 31						
Mars 21					6	Remboursement d'une partie des inté[...] perçus après paiement d'un acom[...] de 20 $ sur effet no 10.
—					7	Remboursement des intérêts du 21 [...] au 20 octobre après paiement de l'[...] no 3.
Mars 31	15	Quan-Nhan	E	31 mars 28	8	Remise du bordereau no 3.
	16	—	P	—		—
	17	—	Q	31 décembre 27		—
	18	—	R	—		—
Mars 31						
Juillet 11	19	Dong-Lao		10 avril 28	9	Remise du bordereau no 1.
	20			10 juin 28		—
	21			—		—
	22					—
	23			31 décembre 27		—
	24			—		—
Juillet 20						
Juillet 21	1	Quan-Nhan		20 janvier 28	10	Renouvellement effet no 6.
	2	—		—	11	Renouvellement effet no 7, après paiem[...] de 5.
Juillet 31	25		Cne Phu-Do	31 juillet 28	12	Prêts à un groupe de 4 communes c[...] no 25 à 28 inclus.
	26		Phu-My			
	27		Me-Tri			
	28		Nhan-My			
Juillet 31						
Août 21	3	Quan-Nhan		20 février 28	13	Recouvrement effet no 8.
Août 31	4	—		20 janvier 28	14	— — no 13.
Août 31						
Déc. 31		Quan-Nhan		20 octobre 27	15	Effet esc. no 9 est classé dans le eff[...] retard.
		—		20 juin 27	16	Effet no 12 est classé dans les e[...] litigieux
Déc. 31						
1928						
Janvier	1er				1	*Ouverture des comptes.*

SIONNAIRE DES EMPRUNTEURS (CRÉDIT)

SOMMES	COMITÉS COMMUNAUX			PRÊTS DIRECTS				EFFETS litigieux	INTÉRÊTS et Escomptes
	EFFETS escomptés	EFFETS renouvelés	EFFETS en retard	EFFETS escomptés	EFFETS renouvelés	EFFETS en retard	PRÊTS aux communes		
	50								
	25								
175	100								
500				500					
.000							1.000		
.675	175			500			1.000		
	50								
	25								
	75								
	60								
	40								
	30								
	20								
370	70			2.000					
.000									
.370	370			2.000					
2.00									2.00
6.65									6.65
	50								
	100								
	50								
225	25								
3.65	225								8.65
	100								
	60								
	30								
	50								
	40								
200	70								
350	350								
50		50							
20		20							
							300		
							500		
							500		
.800							500		
.870		70					1.800		
60		60							
70		70							
130		130							
60			60						
10								10	
70			60					10	
08.65	1.120	200	60	2.500			2.800	10	8.65
3.150	590	200	60	2.500			2.800		

D

MODÈLE DE TENUE DU JOUR.

Débiter le compte « Emprunteurs » par :

COMITÉS COMMUNA

DATES	NUMÉROS des effets	NUMÉROS des articles	LIBELLÉ	SOMMES	EFFETS escomptés	EFFETS renouvelés	EFF... ret.
Janv. 10	1 2 3	1	Escompte, souscriptions de parts et retenue pour fonds de prévoyance. Effets nᵒ 1, 2 et 3.	24,75			
Janv. 20	4	2	Escompte, souscriptions d'une part et retenue pour fonds de prévoyance. Effet nᵒ 4.	76			
	5	3	Escompte, souscriptions de parts, retenue pour fonds de prévoyance Commune de Phu-qui.	175			
Janv. 20				*275,75*			
Janv. 21	6 7 8 9 10 11 12 13	4 5	Escompte, souscriptions de parts — retenue pour fonds de prévoyance, (effets 6 à 13 inclus). — — — —	45,50			
Janv. 31	14	5	Escompte, souscription d'une part et retenue pour fonds de prévoyance.	301			
Janv. 31				*346,50*			
Mars 21		6	Paiement anticipé d'un acompte sur effet nᵒ 10.	20			
—		7	Paiement anticipé Effet nᵒ 3.	100	100		
Mars 31	15 16 17 18	8	Escompte, souscriptions de parts — retenue pour fonds de prévoyance (Effets 15 à 18).	34,50			
Mars 31				*154,50*	*100*		
Juil. 11	19 20 21 22 23 24	9	Intérêts, souscriptions de parts, retenue pour constitution fonds de prévoyance — effets nᵒ 19 à 24. — —	45,90			
Juil. 20				*45,90*			
Juil. 21		10	Remboursement effet nᵒ 2.	25	25		
		11	Renouvellement effet nᵒ 6 et intérêts et retenue pour fonds de pévoyance.	54,50	50		
		12	Renouvellement effet nᵒ 7, intérêts — retenue pour fonds de prévoyance après remboursement partiel de 5 $.	26,80	25		
		13	Remboursement effet nᵒ 11.	30	30		
Juil. 31	25 26 27 28	14	Intérêts, souscriptions de parts et retenue pour fonds de prévoyance par 4 communes.	370			
Juil. 31				*506,30*	*130*		
		15	Renouvellement effet nᵒ 8.	81,15	75		
		16	— effet nᵒ 13.	76,30	70		
Août 31				*157,45*	*145*		
Déc. 31		17	Remboursement effet nᵒ 17.	50	50		
		»	— effet nᵒ 18.	25	25		
		18	Sortie de l'effet nᵒ 9 classé dans effets en retard.	60	60		
		19	Sortie de l'effet nᵒ 12 classé dans effets litigieux.	20	20		
Déc. 31				*155*	*155*		
				1.641,40	530		
1928							
Janv. 1er		1	*Ouverture des comptes.*	*218,60*			

...SIONNAIRE DES EMPRUNTEURS (DÉBIT)

PRÊTS DIRECTS								
EFFETS escomptés	EFFETS renouvelés	EFFETS en retard	PRÊTS aux communes	EFFETS litigieux	ACOMPTES sur effets	INTÉRÊTS et Escomptes	SOUSCRIP-TEURS	FONDS de prévoyance
						6	1	1,50
						1,50	1	0,75
						9	1	3
						60	1	15
						120	25	30
						196,50	29	50,25
						3	1	1,50
						1,50	1	0,75
						4,50	1	2,25
						5,40	1	1,80
						4,80	1	1,20
						1,80	1	0,90
						1,20	1	0,60
						4,20	1	2,10
						240	1	60,00
					20	266,40	9	71,10
						6		1,50
						12	1	3
						4,50	1	1,50
						2,25	1	0,75
					20	24,75	3	6,75
						9	1	3
						7,20	1	1,80
						3,60	1	0,90
						3	1	1,50
						2,40	1	1,20
						4,20	1	2,10
						29,40	6	10,50
						3		1,50
						1,20		0,60
						36	25	9
						60	25	15
						60	25	15
						60	25	15
						220,20	100	56,10
						4,35		1,80
						4,20		2,20
						8,55		3,90
					20	745,80	147	198,60
					20			198,60

E

MODÈLE DE TENUE DE JOURNAL D'ANNOTATIONS

DATES	Nos des articles	COMPTES du Grand-Livre à débiter ou à créditer	LIBELLÉ	SOMMES	SOUSCRIPTEURS	INTÉRÊTS et escomptes	AVANCES du crédit populaire	BANQUES	PERTES et profits	DIVERS	INTÉRÊTS et Escomptes	DÉPÔTS ou comptes courant	BANQUES	PERTES et profits	CAPITAL	RÉSERVES	DIVERS
1927																	
Janv. 10	1		Souscriptions de parts	4	4										4		
—	2		—	25	25										25		
Janv. 20				29	29										29		
Janv. 21	3		Souscriptions de parts.	8	8										8		
— 30	4		—	1	1										1		
Janv. 31				9	9										9		
Mars 31	5		Souscriptions de parts.	3	3										3		
				3	3										3		
Juil. 11	6		Souscriptions de parts.	6	6										6		
	7	Banque X.	Intérêts du compte courant à la Banque X.	20.65				20.65			20.65						
	8		Intérêts des comptes courants.	6		6						6					
Juil. 20	9		Souscriptions de parts.	32.65	6	6		20.65			20.65	6			6		
Juil. 31				100	100										100		
Juil. 31				100	100										100		
Déc. 31	10		Intérêts du compte courant à la Banque X.	37.40				37.40			37.40						
	11		Intérêts des comptes de dépôts.	2.90		2.90						2.90					
				40.30		2.90		37.40			37.40	2.90					
Déc. 31	12		Solde du compte.	587.55		587.55								587.55			
	13	Effets litigieux.	—	10					10								10
	14	Frais généraux	—	242.20					242.20								242.20
				839.75		587.55			252.90					587.55			252.90
				1.053.70	147	596.45		58.05	252.20		58.05	8.90		587.55	147		252.20
1928																	
Janv. 1er	1	Emprunteurs	Ouvertures des comptes.					2.858.05		6.150							9.008.50
		Emprunteurs															
		Crédit populaire	—	19.417.00						10.409.65		208.90		335.35	147		9.718.60
		Réserve provinciale															
	2	Réserve des communes	Répartition des excédents.	244.80					244.80							244.80	

MODÈLE DE TENUE DU JOURNAL GÉNÉRAL

NUMÉROS des articles	FOLIO DU Grand livre					
		———————— 20 Janvier ————————				
1		Caisse aux suivants.	3.401	80		
		à frais généraux			1	80
		à dépôts en comptes courants. . . .			400	00
		à emprunts du crédit populaire . . .			3.000	00
8		Les suivants à Caisse			2.910	25
		Emprunteurs.	1.399	25		
		Banques.	1.500	00		
		Frais généraux	11	00		
3		Les suivants à Emprunteurs			1.675	00
		Effets escomptés (Comités communaux) . . .	175	00		
		Effets escomptés directs	500	00		
		Prêts aux communes.	1.000	00		
4		Emprunteurs aux suivants.	275	75		
		à intérêts et escomptes			196	50
		à souscripteurs.			29	00
		à fonds de prévoyance			50	25
5		Souscripteurs.	29	00		
		à capital.			29	00
		———————— 31 Janvier ————————				
6		Caisse aux suivants.	2.000	80		
		Emprunts du Crédit populaire . .			2.000	00
		Frais généraux.			0	80
8		Les suivants à Caisse			2.092	50
		Emprunteurs.	2.023	50		
		Frais généraux	69	00		
		à reporter	12.385.10		12.385.10	

NUMÉROS des articles	FOLIOS DU Grand livre			
		Report	12.385 10	12.385 10
8		Les suivants à emprunteurs		2.370 00
		Effets escomptés (comités communaux) . . .	370 00	
		Effets escomptés directs	2.000 00	
9		Emprunteurs aux suivants.	346 50	
		Intérêts et escomptes . . .		266 40
		Souscripteurs.		9 00
		Fonds de prévoyance . .		71 10
10		Souscripteurs.	9 00	
		Capital		9 00
		31 mars		
11		Caisse aux suivants	311 35	
		à Emprunteurs		111 35
		à Banques.		200 00
12		Les suivants à Caisse		245 50
		Emprunteurs . . . . . ·	190 50	
		Frais généraux.	55 00	
13		Les suivants à Emprunteurs		233 65
		Effets escomptés	225 00	
		Intérêts et escomptes.	8 65	
14		Emprunteurs aux suivants.	154 50	
		Effets escomptés		100 00
		Acomptes sur effets		20 00
		Intérêts et escomptes.		24 75
		Souscripteurs		3 00
		Fonds de prévoyance.		6 75
15		Souscripteurs	3 00	
		à Capital		3 00
		à reporter.	16.058 60	16.058 60

NUMÉROS des articles	FOLIOS DU Grand livre					
		report	16.058	60	16.058	60
		20 juillet				
16		Caisse aux suivants.	500	00		
		à Banques			500	00
17		Les suivants à Caisse			571	60
		Emprunteurs	304	10		
		Dépôts en comptes courants	200	00		
		Intérêts et Escomptes	67	50		
18		Les suivants à Emprunteurs			350	00
		Effets escomptés (Comités communaux) . . .	350	00		
19		Emprunteurs aux suivants.	45	90		
		à Intérêts et escomptes			29	40
		à Souscripteurs.			6	00
		à Fonds de prévoyance			10	50
20		Les suivants aux suivants.				
		Souscripteurs.	6	00		
		Banques.	20	65		
		Intérêts et Escomptes	6			
		Capital			6	00
		Intérêts et Escomptes . . .			20	65
		Dépôts en comptes courants .			6	00
		31 juillet				
21.		Caisse aux suivants.	4.566	30		
		à Emprunteurs			66	30
		à Emprunts du Crédit populaire . . .			4.500	00
22		Les suivants à Caisse			3.485	00
		Emprunteurs	1.430	00		
		Banques X.	2.000	00		
		Frais généraux	55	00		
23		Les suivants à Emprunteurs.			1.870	00
		Prêts aux communes	1.800	00		
		Effets renouvelés (Comités Communaux) . .	70	00		
		à reporter. . . .	27.480	05	27.480	05

NUMÉROS des articles	FOLIOS DU Grand livre					
		Report	27.480	05	27.480	05
24		Emprunteurs aux suivants	506	30		
		à Effets escomptés (Comités communaux			130	00
		à Intérêts et Escomptes			220	20
		à Souscripteurs			100	00
		à Fonds de prévoyance			56	10
25		Souscripteurs	100	00		
		à Capital.			100	00
		31 août				
26		Caisse aux suivants.	27	65		
		à Emprunteurs			27	45
		à Frais génréaux			0	20
27		Effets renouvelés (Comités communaux) . . .	130	00		
		à Emprunteurs.			130	00
28		Emprunteurs aux suivants.	157	45		
		à Effets escomptés (Comités communaux)			145	00
		à Intérêts et Escomptes. . . .			8	55
		à Fonds de prévoyance			3	90
		31 décembre				
29		Caisse aux suivants	85	00		
		Emprunteurs.			85	00
30		Les suivants à Caisse			186	25
		Intérêts et Escomptes	131	25		
		Frais généraux	55	00		
31		Les suivants à Emprunteurs			70	00
		Effets en retard (Comités communaux). . . .	60	00		
		Effets litigieux.	10	00		
		A reporter	28.7.42	70	28.742	70

NUMÉROS des articles	folios du Grand livre					
		Report.	28.742	70	28.742	70
32		Emprunteurs	155	00		
		à Effets escomptés (Comités communaux). .			155	00
		31 décembre				
		Les suivants.				
		aux				
		suivants.				
33		Intérêts et Escomptes	2	90	2	90
		Banques.	37	40	37	40
		Dépôts en comptes courants				
		Intérêts et Escomptes				
			28.938		28.938	
		31 décembre				
34		Intérêts et Escomptes	587	55		
		à Pertes et Profits			587	55
		solde.				
35		Pertes et Profits aux suivants.	252	20		
		à frais généraux.			242	20
		solde				
		à Effet litigieux.			10	00
		(Effet irrecouvrable)				
		31 décembre				
36		Les suivants à Balance d'inventaire.			10.409	85
		Acomptes sur effets	20	00		
		Capital	147	00		
		Emprunts Crédit populaire.	9.500	00		
		Fonds de prévoyance	198	60		
		Dépôts en comptes courants	208	90		
		Pertes et Profits	335	35		
		31 décembre				
37		Balance d'inventaire aux suivants	10.409	85		
		à Caisse.			1.401	80
		à Banques			2.858	05
		à Effets escomptés (Comités communaux)			590	00
		à Effets escomptés directs .			2.500	00
		à Effets renouvelés (Comités communaux) . . .			200	00
		à Effets en retard (Comités communaux)			60	00
		à Prêts aux communes . .			2.800	00
		A reporter.	79.535	45	79.535	45

NUMÉROS des articles	folio du Grand livre				
		1928			
		1ᵉʳ janvier			
38		Les suivants à Balance d'inventaire.			10.409 85
		Caisse	1.401	80	
		Banques X.	2.858	05	
		Emprunteurs	6.150	00	
39		Balance d'inventaire aux suivants	10.409	85	
		Capital			147 00
		Emprunts du Crédit populaire. . . .			9.500 00
		Dépôts en comptes courants			208 90
		Pertes et Profits			335 35
		Emprunteurs			218 60
40		Les suivants à Emprunteurs.			6.150 00
		Effets escomptés (Comités communaux) . . .	590	00	
		Effets renouve'és — . . .	200	00	
		Effets en retard — . . .	60	00	
		Effets escomptes directs.	2.500	00	
		Prêts aux communes	2.800	00	
41		Emprunteurs aux suivants.	218	60	
		à Fonds de prévoyance. . . .			198 60
		à Acomptes sur effets			20 00
42		Pertes et Profits aux suivants	335	35	
		à Réserve de la Banque prov. . . .			122 40
		à Réserve des Communes.			122 40
		à Caisse			90 55
		à reporter.	27.523	65	27.523 65

MODÈLE DE TENUE DU GRAND-LIVRE GÉNÉRAL

Caisse

DATES	NUMÉROS articles du journal			DATES	NUMÉROS articles du journal		
1927							
20 janvier	1	Aux suivants	3.401.80	20 janv.	1	Les suivants	2.910.25
31 janvier	6	—	2.000.80	31 janv.	7	—	2.092.50
31 mars	11	—	311.35	31 mars	12	—	245.50
20 juillet	14	—	500.00	20 juil.	17	—	571.60
31 juillet	21	—	4.566.30	31 juil.	22	—	3.485.00
31 août	26	—	27.65	31 déc.	30	—	186.25
31 déc.	29	Emprunteurs	85.00	31 déc.	37	Solde	1.401.80
			10.892.90				10.892.90
1928							
1er janvier	38	Solde à nouveau	1.401.80				

Emprunteurs

DATES	NUMÉROS articles du journal			DATES	NUMÉROS articles du journal		
20 janvier	2	A Caisse	1.399.25	20 janv.	3	Les suivants	1.675.00
—	4	Aux suivants	275.75	31 —	8	—	2.370.00
31 —	7	A Caisse	2.023.50	31 mars	11	Caisse	111.35
—	9	Aux suivants	346.50	—	13	Les suivants	233.65
31 mars	12	—	190.50	20 juille	18	Effets escomptés	350.00
—	14	—	154.50	31 —	21	Caisse	66.30
20 juillet	17	A Caisse	304.10	—	23	Les suivants	1.870.60
—	19	Aux suivants	45.90	31 août	26	Caisse	27.45
31 —	22	A Caisse	1.430.00	—	27	Effets renouvelés	130.00
—	24	Aux suivants	506.30	31 déc.	29	Caisse	85.00
—	28	—	157.45	—	31	Les suivants	70.00
—	32	Effets escomptés	155.00				
			6.988.75				6.988.75
1928				**1928**			
1er janvier	38	Ouverture des comptes	6.150.00	1er janv.	40	Ouverture des comptes	6.150.00
—	41	—	218.60	—	39	—	218.60

Banque X

20 janvier.	2	A Caisse.	1,50⸴.	31 mars	11	Caisse	200
20 juillet .	20	A Intérêts et escomptes	20.65	20 juil .	16	Caisse	500
31 »	21	A Caisse	2 000.	20 «	20	Les suivants.	
31 déc. . .	32	A Intérêts et escomptes	37.40	31 déc..	32		
				31 déc..	37	Solde	2.858.05
			3.558.05				3.558.05
1928							
1er janvier.	38	Solde à nouveau	2.858.05				

Effets escomptes (Comités Communaux)

20 janvier .	3	A Emprunteurs.	175	31 mars	14		100
31 »	8	—	370	31 juillet	24		130
31 mars . .	13	—	225	31 août .	28		145
20 juillet. .	18	—	350	31 déc .	32		155
				31 déc.	37	Solde	590
			1.120				1.120
1928							
1er janvier.	40	Solde à nouveau.	590				

Effets escomptes (Directs)

1er janvier.	3	A Emprunteurs	500	31 déc.	37	Solde	2.500
31 »	8	»	2.000				
			2.500				2.500
1928							
1er janvier.	40	Solde à nouveau	2.500				

Prêts aux communes

20 janvier.	3	A Emprunteurs	1.000					
31 juillet..	23	»	1.800	*31 déc.*	37	*Solde*		2.800
			2.800					2.800
1928								
1er janvier	40	Solde à nouveau	2.800					

Effets renouvelés (Comités Communaux).

31 juil...	23	A Emprunteurs	70				
31 août..	27	—	130	*31 déc.* .	37	*Solde*	200
			200				200
1928							
1er janvier.	40	Solde à nouveau	200				

Effets en retard.

31 déc. ..	31	Emprunteurs	60	*31 déc.* .	37	Solde	60
1928							
1er janvier.	40	Solde à nouveau	60				

Effets litigieux.

31 déc. ..	31	Emprunteurs	10	31 déc.	35	P. et P.	10

Capital.

				20 janv..	5	Souscripteurs	29
				31 —	10	—	9
				31 mars.	15	—	3
				20 juill..	20	—	6
31 déc. . .	36	Solde	147	31 —	25	—	100
				39			
			147				147
				1er janv .		Solde à nouveau	147

Souscripteurs.

20 janvier	5	à Capital	29	20 janv .	4	Emprunteurs	29
31 —	10	—	9	31 —	9	—	9
31 mars.	15	—	3	31 mars	14	—	3
20 juill. .	20	—	6	20 juill..	19	—	6
31 —	25	—	100	31 —	24	—	100
			147				147

Emprunts ou avances du crédit populaire.

31 déc. . .				20 janv.	1	Caisse	3.000
				31 —	6	—	2.000
31 déc . . .	36	Solde	9.500.	30 juill .	21	—	4.500
			9.500.				9.500
				1er janv	39	Solde à nouveau	9.500

Dépôts en C$^{tes\ ts}$.

11 juill . .	17	à Caisse	200	20 janv.	1	Caisse	400
				10 juill.	19	Intérêts et escomptes	6
31 déc. . .	36	Solde	208.90	31 déc .	32	--	2.90
			408.90				408.90
				1er janv.	39	Solde à nouveau	208.90

Intérêts et Escomptes.

31 mars. .	13	à Emprunteurs	8.65	20 janv.	4	Emprunteurs	196.50
20 juill. .	17	à Caisse	67.50	31 —	9	—	266.40
20 juill. .	20	Dépôts en C^{tes} C^{ts}	6.00	31 déc	14	—	24.75
31 déc . .	30	Caisse	131.25	20 juill.	19	—	29.40
	32	à Dépôts en C^{tes} C^{ts}	2.90	—	20	Banques	20.65
	34	P. et P.	587.55	31 —	24	Emprunteurs	220.20
				31 août.	28		8.55
				31 déc .	33	Banques	37.40
			803.85				803.85

Frais généraux.

20 janvier	2	à Caisse	11	20 janv.	1	Caisse	1.80
31 —	7	—	69	31 —	6	»	0.80
31 mars .	12	—	55	31 août.	26	»	0.20
31 juillet .	22	—	55	31 déc .	35	P. et P.	242.20
31 déc . .	30	—	55				
			245				245

Fonds de Prévoyance

				20 janv.	4	Emprunteurs	50.25
				31 janv.	9	—	71.10
				31 mars.	14	—	6.75
31 déc.....	36	Solde	198.60	20 juil..	19	—	10.50
				31 —	24	—	56.10
				31 août.	28		3.90
				1er janv.	41	Solde à nouveau	198.60
				1928			
							198.60

Acomptes sur Effets

31 déc.....	36	Solde	20	31 mars.	14	Emprunteurs	20
				1928			
				1er janv.	41	Solde à nouveau	20

Pertes et Profits

31 déc.....	35	Frais généraux	242.20	31 déc..	34	Intérêts et Escomptes	587.55
—	35	Effet litigieux	10.				
—	36	Solde·	335.35				
			587.55				587.55
1928				1928			
1er janvier.	42	Réserve Cnes	122.40	1er janv.	39	Solde à nouveau	335.35
—	42	Réserve B. Prov.	122.40				
—	42	Caisse	90.55				

Réserve Banque Provinciale

				1928			
				1er janv.	42	Pertes et Profits	122.40

Réserve des Communes

				1928			
				1er janv.	42	Pertes et Profits	122.40

Balance d'Inventaire

31 déc.	37	aux suivants	10.409.85	31 déc.	36	les suivants	10.409.85
1er janv.	39	aux suivants	10.409.35	1er janv.	38	les suivants	10.409.85

A là fin de chaque mois le Directeur de la Banque provinciale devra établir une balance de vérification donnant le relevé des comptes de Grand livre.

Balance au 31 juillet 1927.

COMPTE DU GRAND LIVRE	DÉBIT	CRÉDIT	SOLDES débiteurs	SOLDES créditeurs
Caisse.	10.780.25	9.304.85	1.475.40	»
Banques X.	3.520.65	700.00	2.820.65	»
Emprunteurs	6.676.30	6.676.30	»	»
Effets escomptés (Comités communaux).	1.120.00	230.00	890.00	»
— renouvelés (—).	70.00	»	70.00	»
— en retard (—).	»	»	»	»
Effets escomptés (directs).	2.500.00	»	2.500.00	»
— renouvelés (—).	»	»	»	»
— en retard (—).	»	»	»	»
Prêts aux communes (directs).	2.800.00	»	2 800.00	»
Acomptes sur effets	»	20.00	»	20.00
Effets litigieux.	»	»	»	»
Capital	»	147.00	»	147.00
Souscripteurs	147.00	147.00	»	»
Emprunts ou avances du Crédit populaire.	»	9.500.00	»	9.500.00
Dépôts en comptes courants	200.00	406.00	»	206.00
Réserve de la Banque provinciale.	»	»	»	»
Réserve des Communes.	»	»	»	»
Fonds de prévoyance.	»	194.70	»	194.70
Intérêts et Escomptes	82.15	757.90	»	675.75
Frais généraux.	190.00	2.60	187.40	»
Pertes et Profits	»	»	»	»
	28.086.35	28.086.35	10.743.45	10.743.45

Les deux colonnes **Débit** et **Crédit** de balance doivent donner des totaux égaux correspondant également au total du journal général.

Le solde débiteur du compte « *Caisse* » doit correspondre exactement au montant des espèces en Caisse.

Les soldes débiteurs des comptes « *Effets escomptés* », « *Effets renouvelés* », « *Effets en retard* » doivent donner le montant des effets en porte-feuille.

BILAN

En fin d'exercice on établit d'abord une balance provisoire pour s'assurer de l'exactitude des comptes.

Balances des comptes au 31 décembre 1927.

COMPTES DU GRAND LIVRE	DÉBIT	CRÉDIT	SOLDES débiteurs	SOLDES créditeurs
Caisse.	10.892.90	9.491.10	1.401.80	»
Banque X.	3.558.05	700.00	2.858.05	»
Emprunteurs	6.988.75	6.988.75	»	»
Effets escomptés (Comités communaux).	1.120.00	530.00	590.00	»
— renouvelés (—).	200.00	»	200.00	»
— en retard (—).	60.00	»	60.00	»
Effets escomptés (Directs).	2.500.00	»	2.500.00	»
— renouvelés (—).	»	»	»	»
— en retard (—).	»	»	»	»
Prêts aux communes (—).	2.800.00	»	2.800.00	»
Acomptes sur effets	»	20.00	»	20.00
Effets litigieux.	10.00	»	10.00	»
Capital	»	147.00	»	147.00
Souscripteurs	147.00	147.00	»	»
Emprunts ou avances du Crédit-populaire.	»	9.500.00	»	9.500.00
Dépôts en comptes courants	200.00	408.90	»	208.90
Réserve de la Banque provinciale				
Réserve des communes.				
Fonds de prévoyance.	»	198.60	»	198.60
Intérêts et escomptes.	216.30	803.85	»	587.55
Frais généraux.	245.00	2.80	242.20	
Pertes et Profits				
	28.938.00	28.938.00	10.662.05	10.662.05

On calcule ensuite les intérêts dus aux comptes de Dépôts et à l'Institution du Crédit populaire Agricole et on débite le compte *"Intérêts et Escomptes"* du montant de ces intérêts.

Ce compte est d'autre part crédité du montant des intérêts dont la Banque provinciale est bénéficiaire pour les dépôts qu'elle a pu effectuer en Banque.

Le solde du compte *"Intérêts et Escomptes"* est ensuite viré au Crédit du compte *"Pertes et Profits"*.

Ce compte est débité par le solde du compte « Frais généraux » ainsi que des sommes dues à la Banque depuis plus de 6 mois et qui ne seraient pas en cours de perception.

Perte et profits.

31 déc . .	Frais généraux . .	242.20	31 déc. . .	Intérêts et escomptes.	589 15
	Effets litigieux . .	10 00			
	Solde	336.95			
		589.15			589.15

Bilan au 31 décembre 1927.

ACTIF		
Caisse	1.401.80	
Banque X	2.858.05	
Effets escomptés	590.00	
—	2.500.00	
Effets renouvelés.	200.00	
Effets en retard	60.00	
Prêts aux Communes	2.800.00	
PASSIF		
Capital		147
Avances du Crédit populaire		9.500
Fonds de prévoyance		198.60
Dépôts en comptes courants		208.90
Acomptes sur effets		20.00
Pertes et Profits (Bénéfice de l'exercice)		335.35
	10.409.85	10.409.85

Après approbation du bilan par le Service du Crédit agricole les bénéfices seront répartis ainsi qu'il est prévu à l'article 30 de l'arrêté du 21 juillet 1927.

Directeur 6.70
Comités communaux 83.85
Réserve de la Banque provinciale. 122.40
Réserve des communes 122.40
335.35

Indépendamment de ces livres qui servent à établir la Comptabilité générale, la Banque aura à tenir un certain nombre de livres auxiliaires où elle pourra puiser des renseignements utiles.

L'*Échéancier* qui permettra à la Banque de se rendre compte des sommes qu'elle devra recevoir à chaque échéance et de constater, s'il y a lieu concordance entre ce chiffre et le montant des effets en portefeuille arrivant à échéance.

Le livre « *Réserve des communes* » où seront groupés les réserves attribuées en fin d'année à chaque commune.

Le livre des comptes courants où seront groupés les comptes de chaque déposant.

Modèle de livre des comptes courants.

DATES	LIBELLÉ	DÉBIT	CRÉDIT	SOLDES CRÉDITEURS	NOMBRE DE JOURS	INTÉRÊTS

Nous rappelons à ce sujet que la Banque ne peut accepter que des dépôts effectués par ses sociétaires et pour uue durée minimum de 6 mois.

Un carnet des sociétaires pour chaque commune.

On y inscrira le nom de chaque sociétaire de la commune par ordre de date d'entrée à la Banque provinciale et on réservera à chacun d'eux un certain nombre de ignes où l'on fera figurer le montant des prêts qui lui ont été accordés : les prêts consentis par l'intermédiaire du Comité communal seront inscrits à l'encre noire, ceux accordés directement par la Banque provinciale, à l'encre rouge.

Modèle de carnet des sociétaires

DATES	Nᵒˢ des effets	NOM DE L'EMPRUNTEUR	MONTANT de l'effet	ÉCHÉANCE	REMBOURSEMENT Observations

Nous rappelons enfin que le Directeur devra conserver toute la correspondance reçue par la banque provinciale, ainsi qu'un double des lettres qu'il envoie lequel sera classé dans le dossier correspondant.

De même tous les reçus, bordereaux et pièces justificatives devront être classés avec soin par ordre de date.

9 782329 043548